心をつかみ、チームを活性化させる

図解決定版

即効リーディングメソッド

LEADERSHIP

HOW TO LEAD YOUR TEAM MEMBER

リーダーシップの「基本」が身につく本

Koji Takagi 高城幸司

Gakken

はじめに

リーダーになる前に知っておいてほしいこと

全世界を混乱に陥れたコロナ禍をきっかけに、今、働き方が大きく変わり始めています。

メンバー全員が職場に集合できる機会は大きく減り、リーダーは各人の仕事ぶりが目に入らない前提で、チームづくりを工夫していくことが求められています。

実際、メンバーがバラバラの状態では、チームを効率的に動かすことは簡単ではありません。そのため、リーダーには的確な指示を出しながら仕事を力強く推進していくことが求められます。

そして、それ以上に重要なリーダーの仕事がモチベーションの維持だと思います。

たとえば、リモートワークの毎日で、メンバーは孤独な心境に陥っているかもしれません。入社間もない若手社員であれば、その本音を聞き出すことなどは簡単ではないでしょう。

そこで、リーダーは、巧みにコミュニケーションを取ることが求められます。

「仕事を、悩みを、抱え込んでいませんか？」と、相手を気遣う姿勢を示すことは重要です。

そして、悩みを聞き出し、その解消のヒントを提示できたなら、メンバーのモチベーションは高まることでしょう。一方で、何もしないまま放置されていれば、本人の意欲は落ちて、成果が出ないばかりか、離職につながることさえあるでしょう。

将来、コロナ禍がなくなったあとでも、こうしたリーダーの役割が大きく変わることはありません。ですから今のうちに、的確な指示や巧みなコミュニケーションの技を磨いておきたいものです。

「自分はリーダーに向いていない」と思っている人へ

初めてリーダーに任命されて、「自分はリーダーに向いていない」と悩んでいる方もいるかもしれません。しかし、会社員がリーダーにならずに仕事を続けることは簡単ではなく、どんな人でも大なり小なり、リーダーを任されるといっても過言ではありません。

たとえあなたが管理職という立場になくても、「この会議を仕切ってください」「明日の取引先の提案は任せたよ」と責任者に任命されたなら、それはリーダーの役割を担うことと同じです。

けれども心配することはありません。筆者はこれまで数限りないリーダーの役割を担ってきましたが、ある日一つのことに気づきました。それは「リーダーに向いていない」と思っている方に限って、実は立派なリーダーとして活躍できているという事実です。

本書を読んでいただければわかると思いますが、リーダーとは「私についてきてください」と力強く発言できる〝強い人〟だけに向いているわけではありません。優しい人は優しいリーダー、慎重な人は慎重なリーダーとして、立派に役割を果たすことができます。基本的なコミュニケーションや立ち居振る舞いさえできていれば、あとは〝自分流〟のスタイルで行っていいのです。

昨今のように将来が不透明な時代だからこそ、ぜひともリーダーシップの認識を深めて仕事をまっとうし、その面白さを十分に見出していただきたいと強く願います。

目次

Part 4 メンバーをグンと成長させるコツ

Part 5 「さすが！」と思わせるリーダーのアイデア

「チームを引っ張る！」編

Part 1

まずはピンチを切り抜けろ！

Part 2

方向性をキッチリ示す！

Part 3 「ついていきたい」と思わせるコツ

Part 4 社内&社外からメンバーを守る！

「やる気を伸ばす！」編

Part 1

理想のリーダーになる!

01

理想のリーダー像ってどんなもの？

まず、リーダーの役割について学ぶ前に、私から1つ質問をさせていただきます。

「あなたにとって理想のリーダーを3人挙げてください」

おっと……この質問には、まだ続きがあります。

「そして、3人をリーダーに選んだ理由を簡潔に答えてください」

さて、どのように答えますか？

「元ホークス監督の王貞治さんかな、次が坂本龍馬、それから……」

理想のリーダーが3人挙げられましたか？　身の周りにいる人でも、歴史上の人物でもかまいません。3人を選んだ共通の理由が思い浮かんだでしょうか？

実は、あなたが挙げたリーダーの「名前」はそれほど重要ではありません。それよりも、「選んだ理由」に、これから学んでいただくヒントが隠れているのです。

リーダーシップを学ぶ前提として、まず「理想のリーダー像」を明確にしてください。現実には、目指す理想を持っていない人が少なくありません。しかし、大切なのは理想を明確にすることです。選んだ人の「どこに」優れたリーダーの資質を感じたかを考えることが、リーダーについて考える第一歩なのです。

「自分のリーダー像」を知ろう！

ステップ❶ 理想のリーダーの名前を３人挙げる

身の周りの人、政治家、実業家、歴史上の人物、小説の登場人物など、具体的に

ステップ❷ 選んだ理由を挙げる

実績が理由なら、「なぜその実績をすごいと思うのか」を考える

実績

坂本龍馬は薩長同盟を実現させた

→

なぜ

- 誰も発想しなかったことを考えた
- 自分１人ではなく、他の人間も巻き込んで大きな成果を上げた

02

リーダーに期待されることは何？

リーダーは自分一人の活躍で成果を出すことを期待されていません。あくまでチームの力を結集した成果を求められます。自らの活躍で組織を引っ張ることは大切ですが、独りよがりにならないでください。

「自分がいなければ何も始まらない」

と、**肩の力の入りすぎた行動は、かえって周囲のやる気を下げることになります。**

例えば、リーダーが「自分が売り上げの大半を背負う」気持ちで仕事に邁進し、自らの営業力で大きな成果を上げ続けたとします。チームの目標が達成されたとき、メンバーの気持ちはどのようなものでしょうか？　目標の達成を心から喜べない心境になることでしょう。

「リーダー一人でやれるなら自分たちは不要ですね」

「なにか、頼りにされていない感じでしらけます」

これは、リーダーの頑張りが空回りしている「まずい」状態です。確かにそのときは目標を達成できたとしても、長い目で見るとチームとしてはいい結果を出すことはできません。リーダーはメンバーの成果を上げるための努力も求められているのです。

一般社員とリーダーによる「成果」の違い

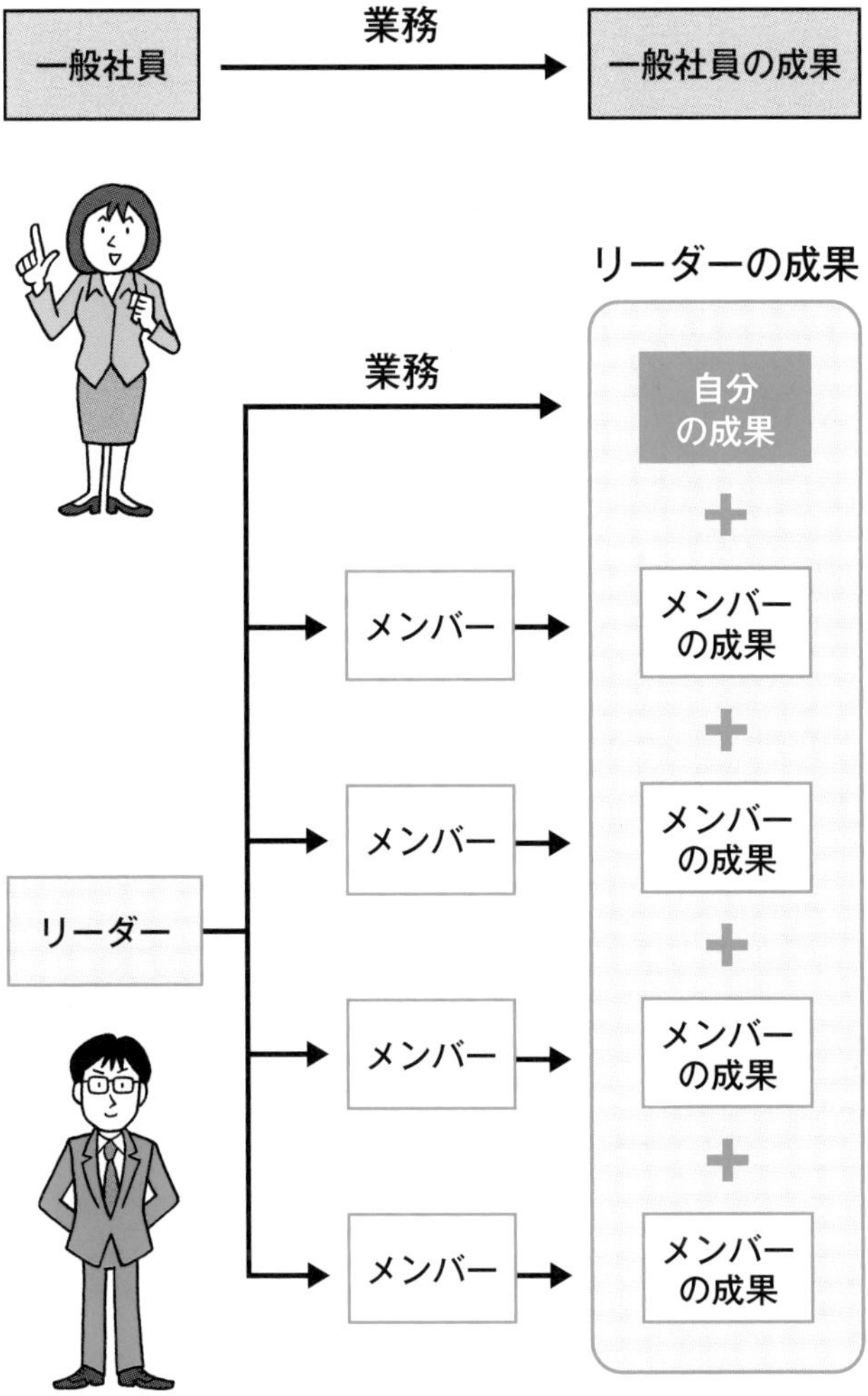
一般社員
業務
一般社員の成果
リーダーの成果
業務
自分
の成果
+
メンバー
メンバー
の成果
+
メンバー
メンバー
の成果
+
リーダー
メンバー
メンバー
の成果
+
メンバー
メンバー
の成果

03

「みんなでやる」という雰囲気をつくる

たとえ、あなたの活躍がウエートの大半を占める仕事だとしても、自分一人だけで仕事を進めるのではなく、

「この仕事はみんなの力でやり切ろう」

「あなたたちの活躍がないと成功できない」

とチームを盛り上げましょう。気分屋のAさんや、ちょっと冷めているBさんたちの当事者意識を高め、「ともに頑張る」雰囲気づくりをしたいものです。

こうして「ともに頑張る」ためにリーダーがすべき行動は、

- **当事者意識を高める（目指す目標を共有する）**
- **目標をコミットさせる（役割分担を明確にする）**
- **成果を次につなげる（褒める・叱る・指導する）**

という3点に集約することができます。

大切なのは、この3つの行動を、手順を踏んで「徹底」することです。これを繰り返し継続することによって、メンバーとリーダーの信頼関係が構築され、パフォーマンスが上がって高い成果が得られることは間違いありません。

チームに「ともに頑張る」雰囲気をつくる行動

1 当事者意識を高める
➡目指す目標を共有する

- チームの目標を明確にし、個々のメンバーにとっても魅力的であることを示す

2 目標をコミットさせる
➡役割分担を明確にする

- メンバーの役割やポジションを明らかにし、しっかり理解させる

3 成果を次につなげる
➡褒める・叱る・指導する

- メンバーへの指導と評価は具体的な言葉で行う

04

管理職とリーダーは役割が大きく違う!

管理職とリーダーの役割は何が違うのでしょうか？　どちらも同じではないかと誤解されがちですが、実はこの2つは似て非なる役割を持っています。

まず、管理職は「タイムマネジメント」や「目標設定」、そして「業績評価」など、社員の行動に責任を負う役割を担っています。そのために、管理職は様々な角度から部下の行動をチェックします。「無駄な残業が多い」「勤務報告がずさんだ」など、部下が改めるべき行動を見過ごした場合には、管理職は責任を負うことになります。管理職は「自分で動くプレーヤー」ではなく、「部下を監督する」ことがメインの仕事と考えてください。

一方でリーダーは現場の牽引車です。スポーツの「キャプテン」のような役割でしょう。**部下に任せ、チェックする役割より、率先した行動をとる役割が求められます。**

ただ、最近は管理職がリーダーの役割も求められる傾向があります。その場合は、「自ら現場を牽引しながら、メンバーの管理監督をする」という、2つの役割を兼任しているのです。スポーツに例えれば、「監督」兼「キャプテン」だと思えばいいでしょう。

管理職とリーダーの役割の違い

管理職の役割

↓

- 部下の時間管理
- 職場の監督
- 部下の業績を査定
- 目標の設定

↓

下から
支えるのが仕事

↓

スポーツで言うと
監督

リーダーの役割

↓

- メンバーを導く
- 新しい発想を示す
- メンバーを助ける

↓

先に立って
導くのが仕事

↓

スポーツで言うと
キャプテン

05

こんな言動ではリーダー失格！

リーダーは自らの活躍で組織を牽引することを期待されています。いくら立派な言葉を並べても実行力や成果がなければ、メンバーは信頼してくれません。

あなたに期待されるのは、率先した行動です。

「自ら企画を立ててチームを仕切る」

「新しい仕事を引っ張ってくる」

など、「さすが」と思わせる行動こそが「信頼できるリーダー」への近道です。

ただ最近は、リーダーを「発言で引っ張る人」と勘違いしている人がいます。たしかに人を動かす言葉は重要ですが、言葉だけが先行するリーダーは困りものです。私は発言だけ立派で実行が伴わない人のことを「評論家」と揶揄したりしますが、この評論家的なリーダーが意外と多いのです。

「最近の業界のトレンドだけど知っていますか？」

「新聞記事によると新しい商品が注目されているみたいで」

などと、どこかで入手した情報を立派に語ることはできますが、いざ現場で大事な場面になると「無理」「任せた」となる困った人のことです。あなたがリーダーを目指すなら、「評論家」には絶対にならないようにしましょう。

嫌われるリーダーの言動

人の意見や企画の批判

●「この前の企画だけど、なんか似たような商品が他社から出たらしいんですよね。まずいでしょ」

聞きかじった情報をひけらかす

●「ウチの会社も、もっとクラウドサービスを活用しなくちゃダメだな」

過去の自慢話

●「私も昔、同じような商品をメキシコから安く仕入れたことがありますよ」

でも口を出すだけで、
自分は動かない
リーダー
失格！

06

リーダーはみんなの先頭に立って動く！

リーダーは成果につなげる行動を「行動」で語ることが大切です。模範を示して「自分も積極的にやらないといけない」とメンバーに思わせてください。そのために、

- **大がかりな仕事**
- **難度の高い仕事**
- **前例がない仕事**

など「手間がかかる仕事」を率先してこなしましょう。失敗したら損失が大きい仕事や、傾いた事業の立て直し、新規事業の開拓など、難しくて人がやりたがらない仕事に自分から積極的に取り組むということです。

「前例がある仕事」「難度の低い仕事」はメンバーに任せ、リーダーは「手間がかかる仕事」に立ち向かうのが理想的なスタンスです。同時に、「遅刻をしない」「はっきりと返事をする」「納期を守る」など、基本的なことをきっちり行い、メンバーの手本となるよう心がけることも大切です。

リーダーは道を切り開くパイオニア的な役割を担っているのです。常に行動で語る心意気を持っていたいものです。

リーダーは「手間がかかる仕事」を率先してこなす

大がかりな仕事

●失敗したら損失が大きい仕事、他部署や他社など大人数がかかわる仕事

難度の高い仕事

●傾いた事業の立て直し、人員整理など、困難で人がやりたがらない仕事

前例がない仕事

●新規事業、これまでにない斬新な新商品の開発、など

↓

✕	○
見えないところでコツコツとやる	仕事に取り組む姿を見せる

07

影響力のある存在になるために

カリスマ（charisma）とは、普通の人が持ち合わせない、人を魅了する能力を持つ人のことですが、リーダーは、このカリスマのような存在感を期待されがちです。つまり組織の中での影響力を求められるということです。

リーダーは周囲への気配りある発言を期待されるので、自分一人のことばかり考えているわけにはいかないでしょう。カリスマ的リーダーの条件として、

①周囲から頭ひとつ抜け出ている
②成果を上げる方法を説明できる
③周囲に期待を持たせる
④成果の「見える化」が上手
⑤「おいしい仕事」が自然と集まってくる

の5つが挙げられます。あなたも「あの人の発言は周囲の指針になる」「とても信頼性が高いと感じる」という存在を目指しましょう。ただ、影響力は簡単に高まるものではありません。周囲があなたの発言を支持して信頼するようになるには、時間と工夫が必要です。

カリスマ的リーダーの条件

1 周囲から頭ひとつ抜け出ている

部署や社内の他の人と比べて、
常に高い成果を出し続ける

2 成果を上げる方法を説明できる

自分の仕事を客観的に見て、分析し、
「どうしたら成果が上がるのか」を
わかりやすく教えることができる

3 周囲に期待を持たせる

「あの人ならば、大きな仕事をやり遂げるはず」と
周囲が常に期待する

4 成果の「見える化」が上手

秘密主義に走るのではなく、
上司やメンバーに対して、成し遂げたことを
しっかりと伝える

5 「おいしい仕事」が自然と集まってくる

社内や取引先から信頼されることで、
大きな結果の出せる仕事が
自然と回ってくるようになる

08

リーダーはいざというときに「いいこと」を言う存在

優秀な経営者がよく口にする言葉に「利他主義」があります。要は人のために行動することを第一に考えるということですが、**リーダーとはまさに、自分のためではなく、組織のために行動する役割です**。そのため、「迷ったときに道を示す」「争いごとを公平に収める」「叱咤激励して鼓舞する」などの役割が期待されます。

①周囲の状況をしっかりと把握する
②自分が何を求められているか理解する
③必要なときに必要なことを言葉にする

リーダーは、以上の3点を意識しましょう。普段は無口でも寡黙でもいいのです。いざとなったら「いいこと」を言う存在になってください。

ここ一番のときに「いいこと」を言える存在になるには、日頃からの精進が必要。そのために読書などの自己研鑽を積んでボキャブラリーを増やすのもいいかもしれません。

ただ、一番大切なのは「周囲が自分に何を期待しているか?」を意識することです。リーダーは自らが置かれた状況を常に把握し、周囲の期待に応えることを「やって当たり前の存在」なのです。

いざというときにチームを勇気づける

1 周囲の状況をしっかりと把握する

↓

2 自分が何を求められているか理解する

↓

3 必要なときに必要なことを言葉にする

例えば…

- あなたなら
  絶対にできる！
- 失敗してもフォロー
  するから、思い切って
  やってみてください！

09

「リーダーになってほしい」と言われたら…

明日から職場のリーダーになってほしい、と上司に言われたらどうしますか。あなたの仕事や役割は何が変わるのでしょうか？

変わるのは1つです。自分の仕事はきちんとこなして当たり前、その上で「組織のための活躍」が追加されると思ってください。周囲に貢献して職場やプロジェクトの業績向上に関わる責任が重くなるのですね。**何ごとも「チーム」で成果を上げることが期待されるようになるため、人任せは許されず、同僚やメンバーとも本気で関わっていくことが求められます。**

あなたが単なる「隣の席の先輩」なら、後輩への仕事のアドバイスも適度にやっておけばいいのですが、リーダーになればメンバーの育成は「やるべき」仕事となります。メンバーのモチベーションを上げ、自分のスキルを教えていく必要があります。おそらく、メンバーがあなたを見る目も大きく変わることでしょう。

ここで間違ってはいけないのは自分の仕事の扱いです。これまで自分の仕事に100％かかりきりだったとしたら、そこに投じるパワーを少し下げてでも、チームのために率先して動く。そして、今までどおりの成果を出すことも「変わらず」期待されているのです。

リーダーになると、自分の仕事に組織のための仕事が追加される

自分の仕事	組織のための仕事
↓	↓
自分一人で成果を出す	周囲に貢献する
↓	↓
●自分の営業成績を上げる	●チーム全体の営業成績を上げる
●自分の仕事の欠点を見つけ、改善する	●チームの欠点を見つけ、改善する
●自分のモチベーションを上げる	●メンバーのモチベーションを上げる
●会議で自分の意見を積極的に述べる	●会議で周りの意見を引き出し、整理する
●勉強し、自分のスキルを上げる	●メンバーを指導し、自分のスキルを教える

10

「3割の力」を組織のために使う

前項で、リーダーはパワーを下げても今までどおりの成果を出さなければならないとお話ししました。要は、**これまでの70%くらいのパワーで、いつもどおり自分の分担をこなしつつ、さらにパワーの30%を使って組織に対しても貢献していかないといけないのです。**

リーダーとして組織に貢献するために、周囲からはどのようなことを期待されるのでしょうか？

- **メンバーを導く**
- **新しい発想を示す**
- **メンバーを助ける**

この3つに加えて「メンバーとともに成果を出す」ことを期待されます。

では、この3＋1＝4つをしっかりとこなして活躍するリーダーになるために、何ができたらいいのでしょうか？

もちろん、これまでとは違った視点でスキルを磨いていく必要があるでしょう。リーダーに求められるスキルの具体的な内容は、本書の中でご紹介していきます。

自分の仕事に費やすパワーは７割にとどめる

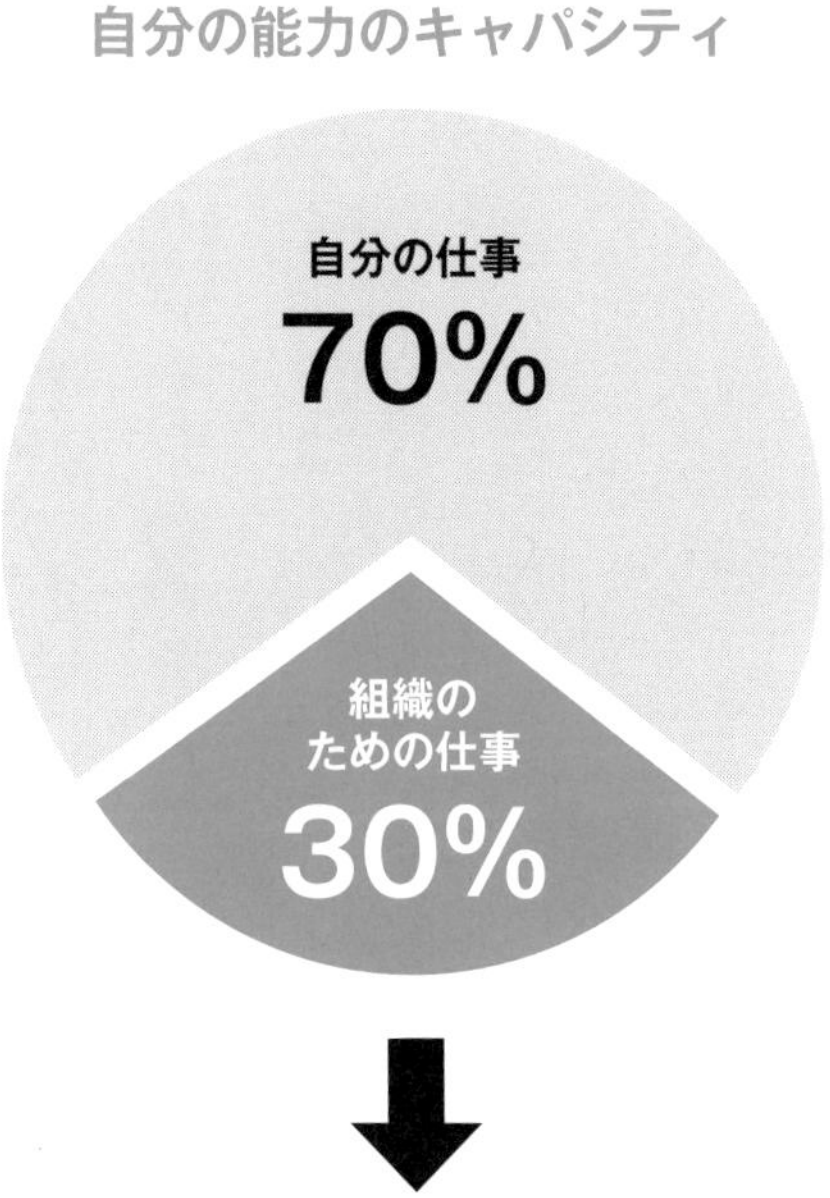
自分の能力のキャパシティ
自分の仕事
70%
組織のための仕事
30%

組織のための仕事
（周囲に貢献する仕事）とは？

- メンバーを導く
- 新しい発想を示す
- メンバーを助ける
- メンバーとともに成果を出す

困った！
に答える
01

Q

地味な性格なので、リーダーを務める自信がありません…

学生時代から「長」がつくようなことを経験したことがなく、性格も地味です。リーダーとしてメンバーをまとめて引っ張っていったり、みんなのモチベーションを高めたりする自信がありません。

最初に言っておきたいのは、あなたが「リーダー」の理想像を誤解しているということです。俗に言う〝派手な人〟よりも、あなたのような〝地味な人〟の方が、本当はリーダーに向いています。

リーダーにとって何より大事なことは、「メッセージが具体的」で「言動にブレがない」こと。それを心がければ人はついてきます。「自分は強いメッセージを持っていないし、人を引っ張っていくのも苦手」という人でも、言動が一致していれば大丈夫です。

それに対し、言うことは大きく、勢いはあるけれど、その場のノリで話す〝派手なタイプの人〟はリーダーには向いていません。

よく「リーダーは大きなことを言ってメンバーに夢を見せないとダメ」と言う人がいますが、それは世の中がずっと右肩上がりだった、一世代前の話。今どき、そんな空虚な格言には誰もついてこないでしょう。

あえて注意点を挙げるとするならば、あなた自身は自分から積極的に発信しなくても大丈夫ですが、メンバーから聞かれたことにはちゃんと答えるようにしましょう。またそのために、質問が来やすいよう、周りの人が声をかけやすい雰囲気をつくってください。いつも厳しい顔で仕事をしているようではいけません。そこさえ気をつけていれば大丈夫です。あなたは十分にリーダーの素養がありますよ。

A いわゆる〝地味な人〟の方が、リーダーには向いている

Leader's Checklist 01

		YES	NO
1	理想のリーダー像を明確にしているか		
2	リーダーが一人で頑張っても仕方がないことを理解しているか		
3	ともに頑張るという雰囲気づくりをしているか		
4	管理職とリーダーの役割の違いを理解しているか		
5	評論家的な発言を慎んでいるか		
6	「手間がかかる仕事」を率先してこなしているか		
7	周囲の指針になるような存在を意識しているか		
8	いざというときに組織を導くことができるか		
9	周囲に貢献する仕事ができているか		
10	自分の力の30%を組織のために使っているか		

YES〔1～3〕 もう一度本章を読み直そう

YES〔4～6〕 苦手な箇所をおさらいしてみよう

YES〔7〕 さらにレベルアップを目指そう

Part 2

成果を上げるチームをつくる！

01

チーム一丸となる5つのポイント

仕事である以上、結果を出すことが求められるのは当然ですが、リーダーになれば自分一人が活躍して結果を出しても意味がありません。チームのメンバーと力を合わせて「やり切る」「目標達成する」ことができて、初めて成功といえるのです。

チーム一丸となるためのポイントには、左ページに紹介する5つがあります。

「みんなで頑張ったから目標達成できた」

「全員でプロジェクトを完成させた」

など、みんなで成功を分かち合える方向に牽引していきましょう。

結果を出すためにリーダーに求められるのは、「仮説」「実行」「検証」ができる計画的な成果への道筋づくりです。3つのステップを繰り返し、問題点を改善していくことが重要です。

「仮説」「実行」「検証」の道筋がしっかりできていれば、メンバーは自然と一緒になって進み出します。お互いがバラバラに行動して「たまたま」結果が出ても、達成感は生まれません。最終的に、メンバーとともに達成感を得られる結果を出すことが大切なのです。

チーム一丸となるためのポイント

1 チームの方向性を明確にして、メンバーで共有する

2 仕事に関して隠しごとをなくし、情報を公開する

3 ある程度仕事を任せ、責任感を持たせる

4 メンバーを公平に評価し、感謝する

5 メンバー同士が本音で話し合える場を設ける

02

成果につなげるサイクルをつくる

リーダーは職場でも他の人より忙しい存在です。そんな忙しい中で確実に成果を上げるためにどうしたらいいでしょうか？

まず気持ちの持ち方として、《成果を出して当たり前》と思うことが大切です。

「忙しいから成果を上げられなくても……」などと自分を甘やかさないようにしましょう。その前提が「ＯＫ」ならば、次は「成果につなげるサイクル」をつくることです。

例えば、

●自分に期待される成果は何か？

●そのために必要な行動は何か？

を棚卸しして、「成果につなげる行動」に使う時間を確保しましょう。営業なら週単位でする訪問の時間、管理部門なら自分の業務に集中する時間のことです。そして「成果につなげる行動」以外の周囲から飛び込んでくる仕事は、後回しにするという意識が必要です。

集中した結果、期待された成果を上げることができれば、「おいしい仕事」が自然と集まってきます。今度はその仕事に集中するというサイクルをつくることが大切です。

成果につながるサイクルとは

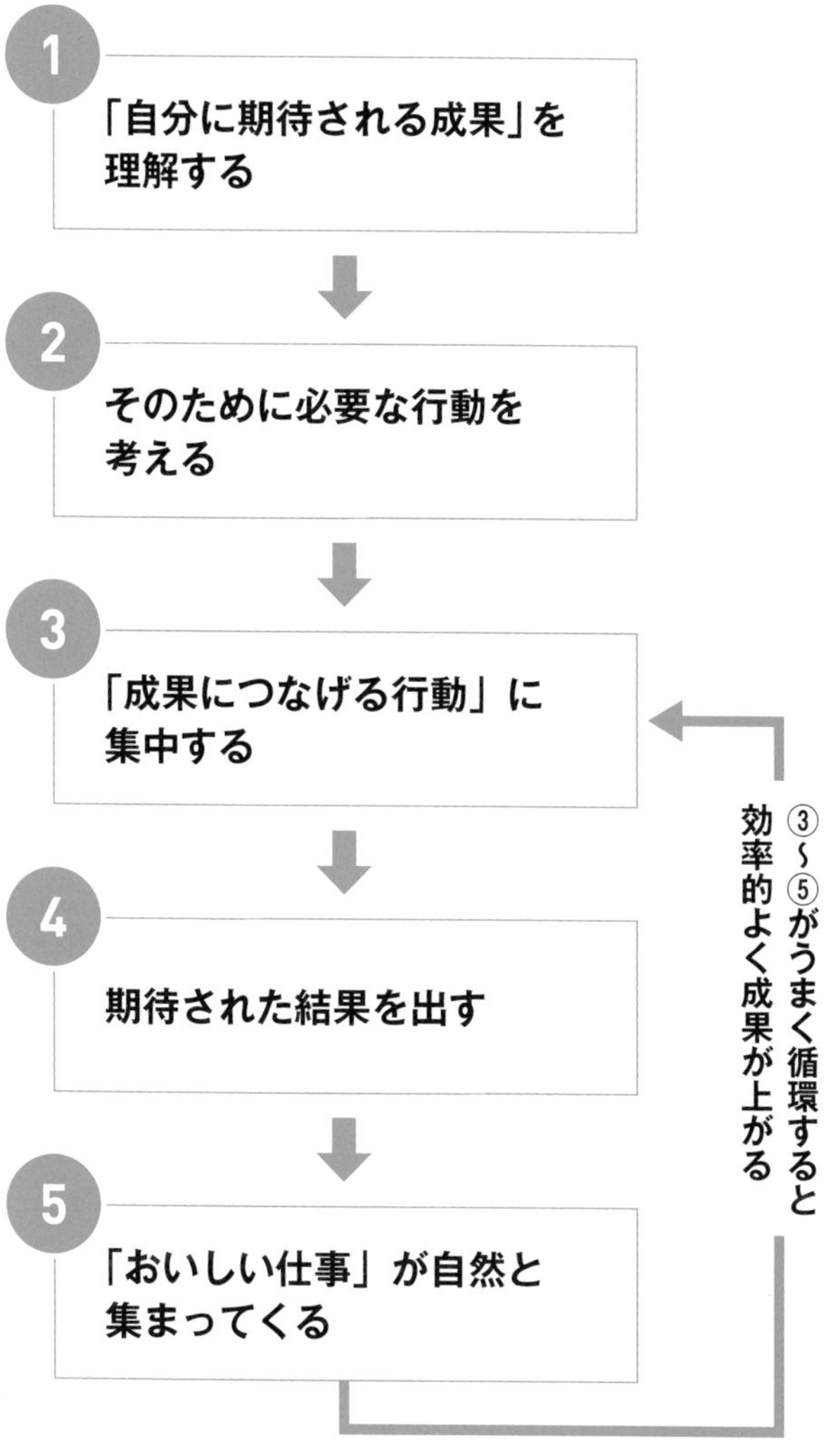
1
「自分に期待される成果」を理解する
2
そのために必要な行動を考える
3
「成果につなげる行動」に集中する
4
期待された結果を出す
5
「おいしい仕事」が自然と集まってくる
③~⑤がうまく循環すると効率的よく成果が上がる

03

「期待されない仕事」は勇気を持って断る

「忙しいのはわかるけど、相談に乗ってくれない？」

との隣の部署の同僚からの相談や、

「ちょっと手伝ってくれませんか？」

との上司からの頼みごとも、ときには勇気を持って断ったり、後回しにしてください。

リーダーは職場の便利屋さんではないからです。社会に出て経験が豊富になれば「できる」「やれる」仕事は増えてきます。しかし、あなたがリーダーとして期待されている仕事こそが「やるべき仕事」であり、そうでない仕事を「安請け合い」しないようにしましょう。

また、やるべき仕事で結果を出すために「ゴールまでやり切る」ことを心がけてください。会議でも商談でも「今日はどこまでやればいいのか？」を把握し、決めたゴールに向かって「無駄」「寄り道」は避けていきましょう。

営業なら5回より3回の訪問で契約に至ることができれば、残りの2回の訪問分で別の仕事が可能となるわけです。リーダーは目的意識をより高く持って行動することが求められると思ってください。

断れるリーダーになろう

上司や同僚からの頼みごとも…

(例 1)
「この仕事もついでに頼んでいいかな？」

(例 2)
**「○○さんがいないから、
代わりにやっておいてくれませんか？」**

(例 3)
**「今やっている仕事は後回しにしても
いいから、こっちを先にやって」**

ときには勇気を持って断る!
もしくは後回しにする

リーダーとしてやるべき仕事を優先させ、
それ以外は安請け合いしない

04

「周囲のお手本」になるのがリーダー

リーダーの仕事ぶりは周囲のお手本にならなくてはいけません。仮にいい仕事をしても、「周囲に迷惑」だったり「かけ離れた存在」であったりしては意味がありません。

「あの先輩、仕事はできるけど……ああはなりたくないな」

と思われていてはお手本にはなれません。リーダーは「自分もやってみよう」「あの人のようになりたい」とメンバーが思える活躍をしてください。さらに言えば、その活躍を「見える化」してください。

その理由は、**一般にリーダーの活躍はメンバーからは「見えない」もので、なおかつあなたが偉い存在に見えて内容を聞けない場合が多い**からです。

「聞きたいことがあれば、いつでもいいですよ」

と言っても、あなたとメンバーの距離は「遠い」状態であるかもしれません。

左ページに、「マネしたい」と思われる人の特徴を、「身体面」「性格面」「行動面」にわたって紹介しました。表情や服装などの見た目、あるいは人の意見を否定しない姿勢など、リーダーは普段の行動で「周囲のお手本」を積極的に意識しましょう。

「周囲のお手本」になるリーダー像

身体面

- 感情豊かな表情
- 清潔感があり、他人に不快感を与えない服装・髪型

性格面

- 自分に自信を持ちながら、人に対しては謙虚
- 「無駄」「どうせ」といったネガティブな発言をしない

行動面

- 人の話をよく聞き、決して一方的に否定することはしない
- 誰に対しても公平で責任逃れをしない上司に対して、おべっかなどを使わない

05

自分の成功パターンはどんどんマネさせる

自分の仕事ぶりを「見える化」する上で大切なのは、結果につながるプロセスを具体的に示すことです。例えば大きな契約を取ってきた営業の成果であれば、

●提案書の中身

●商談中に発生した問題点

●解決方法

などを開示してはいかがでしょうか？

「今回は大きな契約をいただきました。みなさんの参考になる部分もあると思いますので契約に至る経緯とポイントを紹介します」

と会議でメンバーと共有の機会をつくることも、ひとつのお手本になるやり方です。

忙しいリーダーが成果を「見える化」するのは手間もかかって大変ですが、自分の成功パターンを整理するいい機会だと思って取り組んでください。

仕事を「見える化」することで、他のメンバーもマネをして結果を出せるようになり、チーム全体の成果も上げられます。これはメンバーにもリーダーにもプラスになることなのです。

自分の仕事を「見える化」してメンバーに示す

仕事で結果を出す

↓

自分の仕事を「見える化」する

アプローチ方法
提案書の中身
次回への課題
解決方法
など

↓

自分の成功パターンを分析し共有する

↓

他のメンバーもマネをすれば結果を出せるように

↓

チーム全体で成果を上げられる

06

職場の憧れの存在になるための7か条

「あの人のようになりたい」と思われる、影響力の大きいリーダーは憧れの存在でもあります。よくスポーツ選手や俳優の中でも存在感のある人のことを「カリスマ」と呼ぶことはすでに述べましたが、憧れとは、周囲を魅了する何かを備えている、いわばカリスマ的な存在に対して生じる感情です。

具体的には「一歩先を行く」「目新しい」行動や発言を心がけてみましょう。

職場は「ルーティン」といわれる、決まり切った仕事が意外と多いものです。こうした仕事のやり方に一石を投じるような取り組みができると、周囲の目が憧れに近づきます。

左ページに職場の「憧れの存在」になるための7か条をまとめてみました。大切なのは**《新しい仕事のやり方で劇的な成果を上げる》**ことです。

例えば、職場の決まった業務を大きく改善する手法を実践するとか、新しい営業先を開拓するとか、チームのメンバーにとって「目からうろこ」の取り組みを実行することです。

こうすれば職場の「憧れの存在」になれる！

1. どんな困難な仕事でも、チーム全体の成績を引っ張り上げるくらいの結果を出す

2. 臆することなく、常に高い目標を設定している

3. 既存の目標にとらわれず、新しい方向性（ビジョン）を示す

4. 一歩先を行く新しい情報をキャッチする

5. 独創的なアイデアを次々に出す

6. 新しい仕事のやり方をつくり出す

7. 従来の業務の弱点を指摘し、革新的な改善案を立てる

07

目先ばかりでなく先のことを意識する

リーダーは、将来を見据えた行動や発言でチームのメンバーに対する影響力を高めることも大切です。

職場は目先の業績や成果を意識しがちですが、管理職になるとそれがさらに顕著になります。過去の経験から冒険ができないのかもしれません。

例えば景気の低迷に直面すると、「とにかくすぐにでもリストラをして人件費を削減しよう」と考えてしまったりします。しかし、ここで長期的な視野を持てば「景気回復後に会社を立て直すために、技術者をクビにするわけにはいかない」という判断ができるでしょう。

「部長、ここは勇気を持ってやってみましょう」

「将来のために新規事業をやるべきです」

このように、**支持されるリーダーには、経験を脇に置いて発言し、行動できることが求められます。**そのためにも大切なのは「一歩先を行く」「目新しい」行動や発言のための情報収集です。日頃からアンテナを広く張って、一歩先を行く情報をキャッチしましょう。

支持されるリーダーの行動術

長期的な視野を持って発言し行動する

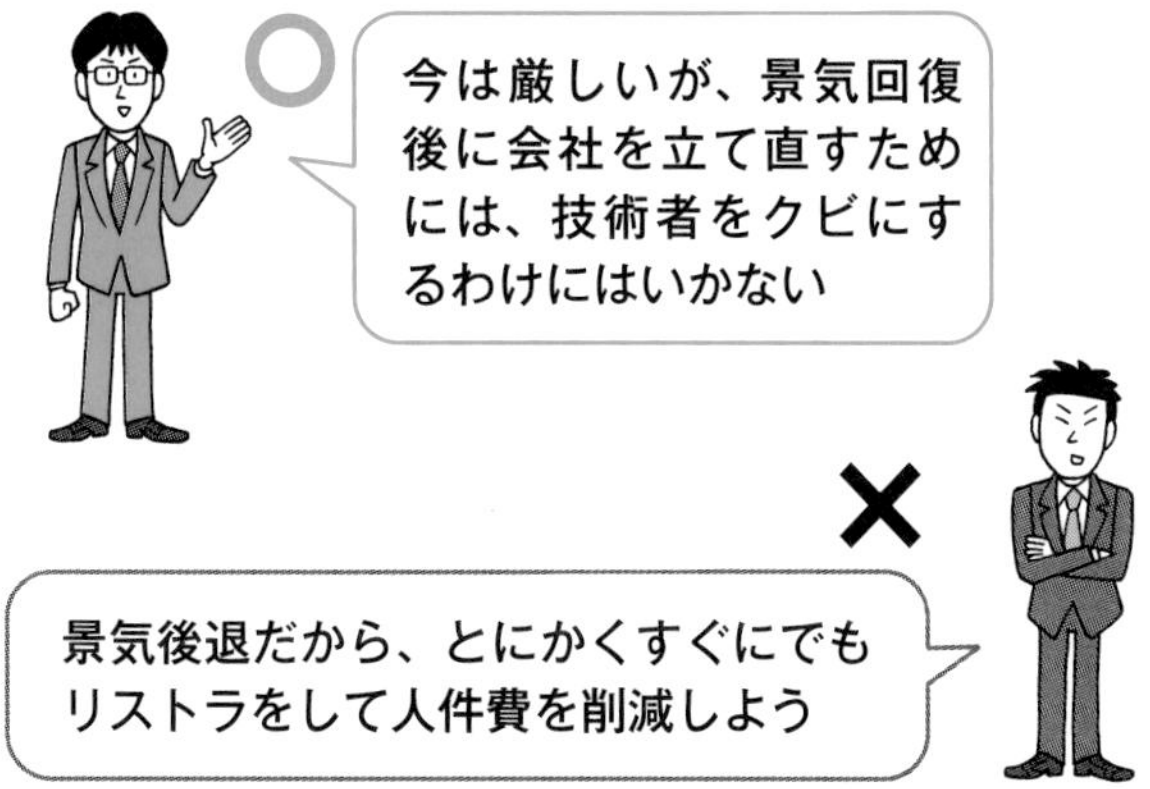
○
今は厳しいが、景気回復後に会社を立て直すためには、技術者をクビにするわけにはいかない
×
景気後退だから、とにかくすぐにでもリストラをして人件費を削減しよう

広い視野を持って発言し行動する

○
中国の人件費高騰も一段落した。今が進出のチャンスだ!
×
日本中が不況だから、新規事業は控えよう

困った！
に答える
02

Q 上司に強引にリーダーに指名されて不安です…

自分よりももっと優秀な人がいるのに、上司から新しいプロジェクトのリーダーに指名されてしまいました。メンバーの模範になって、仕事をサポートしたり、指示を出したりなど、私にはとても無理です……。

上司から「リーダーになってほしい」と言われて、たいそう責任のある、重大な役割を与えられたかのようなイメージを持ったかもしれませんが、実はそれほど大したことではありません。**様々な責任を背負う「管理職」と違い、チームリーダーは、ある1つの仕事やプロジェクトをまとめるための便宜上の役割でしかありません。**そこまでプレッシャーを感じる必要はありませんよ。

第一、あなたがリーダーに向いていると思って選んだのは、あなたの上司です。失敗したり、思ったような成果が出なかったりしても、それはあなたを選んだ上司の責任と開き直ってしまいましょう。

自分がリーダーに選ばれたことに納得がいかなければ、正直に上司に理由を聞いてみることをおすすめします。「なぜですか？」と聞かれても上司は答えにくいでしょうから、「どういう場面を見てリーダーに向いていると思いましたか？」などと問えばよいでしょう。

人というのは、意外に自分のことがわからないものです。あなたがリーダーに選ばれたなら、自分では気がつかないだけで、おそらくリーダーにふさわしい素養があるのでしょう。「成績はトップではないけれど、誰かが失敗したときに、いつもさりげなく慰めている」、そんな意外な答えが返ってくるかもしれませんよ。

A 「責任は上司にある」と開き直り、肩の力を抜いてトライ！

Leader's Checklist 02

		YES	NO
1	チームで結果を出すことを意識しているか	✓	✓
2	自分は結果を出して当たり前と考えているか	✓	✓
3	リーダーに関係ない仕事を断ることができるか	✓	✓
4	周囲のお手本となれるよう努力しているか	✓	✓
5	自分の成功パターンを「見える化」しているか	✓	✓
6	新しいやり方で成果を上げることができるか	✓	✓
7	将来を見据えた行動や発言ができるか	✓	✓

YES〔1～3〕　もう一度本章を読み直そう

YES〔4～6〕　苦手な箇所をおさらいしてみよう

YES〔7〕　さらにレベルアップを目指そう

Part 3

メンバーのやる気を引き出す！

01

メンバーによって声のかけ方を変える

「その仕事をやって何の意味があるのですか？」

何ごとにおいても文句を言ってくるメンバーっていませんか？　あるいはいつも「やる気」の感じられないメンバーもいますよね。こうした存在が一人でもいるとチームの士気は大いに下がります。

リーダーはメンバー全員が当事者意識を持って前向きに取り組むために、士気を高めなければなりません。例えば、

「全員で目標達成したら打ち上げで盛り上がろう！」

とかけ声をかけても、「私はいいです」と冷めているメンバーもいます。**こういう当事者意識の薄いタイプには「その人なり」のやる気にさせる配慮が必要です。**

「あなたの発想に同僚は刺激されています。活躍を期待していますよ」

「このプロジェクトが成功したら、あなたの社内での評価も上がるから、頑張ってください」

「少しくらいミスしてもみんなフォローするから、思い切ってチャレンジしてみてください」

など、メンバーの性格や精神状態を把握した上で、頑張ろうと思えるコミュニケーションを個別に取ることがリーダーの役目です。

やる気のないメンバーの士気を高める「言葉」

全員で目標達成したら、打ち上げで思いっ切り盛り上がろう!

このプロジェクトが成功したら、あなたの社内での評価も上がる。頑張ってください

あなたの発想はすごい。みんな、その斬新なアイデアには期待していますよ

あなたの将来の目標は?　そのためにこのプロジェクトはプラスにならないですか?

少しくらいミスしてもみんながフォローするから、思い切ってチャレンジしてみてください

メンバーの性格や精神状態によって話し方を変える

02

新しいことを始めてチームをリフレッシュ！

職場の仕事がマンネリになると業績は低迷するものです。常に新鮮な気持ちで情熱を持って取り組みたいものですが、「慢心」「あきらめ」はつきものです。仕事がうまくいっている状態のときこそ要注意なのかもしれません。

リーダーは職場が本気の状態であれば「そのまま」邁進できるように見守り、「慢心」「あきらめ」が出ていると感じたときは、組織が新しいことに本気になるよう火をつける仕掛けをしたいものです。

ただし、本気に火をつけるためには「本気になれない」原因を把握する必要があります。その原因から逆算して、組織に火をつける仕掛けをつくりましょう。

具体的なコツとしては、まずメンバーの意見を取り入れた上で、できるだけ具体的な目標、手法を提示します。内容はチャレンジ精神を刺激するような革新的な内容が望ましいでしょう。

その上で、「一緒にやろう」という気持ちを刺激するように意識しましょう。また、目標は1回だけでなく、何回も繰り返し掲げて、メンバーの心にすり込むことも大切といえます。

マンネリはこうして防ぐ！

チームの「マンネリ」のもと

食傷感
- 「同じことばかりで飽きてきた」

慢心
- 「そんな必死にならなくても売れるから」

あきらめ
- 「うちの製品なんてどうせ売れないし」

新しいことを始めて組織に火をつける

- **新しい業務目標の設定**
- **新しい手法の採用**
- **新視点からのアプローチ**
- **新規事業、新商品開発**

新鮮な気持ちを取り戻しマンネリ感を打破！

03

ライバルを登場させて刺激する

何ごとも成功が続くと「安心感」が出てしまいます。この安心感が生まれると組織にはなかなか火がつきません。気がゆるんで、「やればできるから大丈夫」と仕事をなめてしまうのです。

ここはチームに緊張感をもたらすため、ガツンとした行動に出ましょう。**一番いいのは「ライバル」を登場させて焦らせる作戦です。**営業であれば「競合会社」、職場であれば「同僚」の台頭をほのめかしてみるのがいいでしょう。

「今のままだと競合の○社は黙っていないのではないでしょうか？」

「これくらいの成果なら、後発の△社にすぐ追い抜かれてしまうかもしれませんね」

このように状況に応じた仕掛けをすると、チームのメンバーも「よ〜し、やってやろう！」と奮起するに違いありません。

また、競争相手の登場は、チームの分裂を防ぐ効果もあります。「他人の足を引っ張ってでも、自分がトップになってやる」と個人主義に走っているメンバーたちでも、強力なライバル組織を目にすると「足の引っ張り合いなんかしている場合じゃない！」と一致団結する意識が芽生えるのです。

成功体験でメンバーの気がゆるんでしまったら？

競争相手を設定して対抗意識を刺激する

成功が続くとそれが当たり前になり、必要以上の安心感が出て、だらけた雰囲気になってしまう

解決策

ライバルを登場させる

- 「競合の○○社の売れ筋商品のシェアを奪う、画期的な製品をつくろう！」など

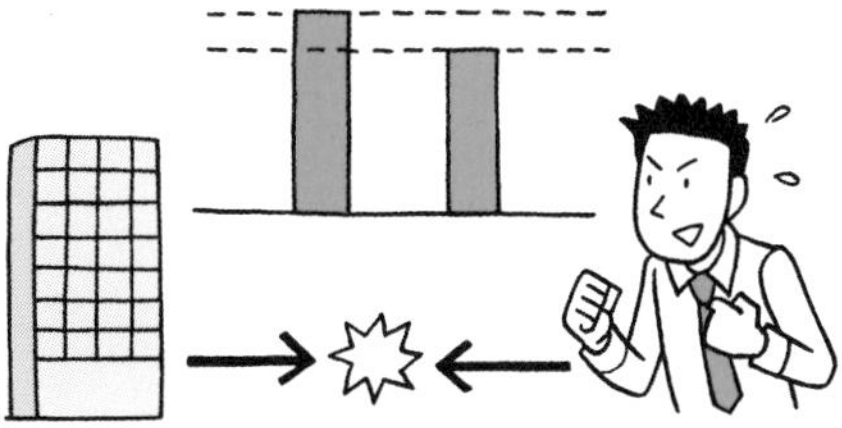

対抗意識があおられ、「よ〜し、やってやろう！」と奮起する

04

チームを盛り上げる「言葉」と「行動」の仕掛け

成果を上げるためにメンバーの気持ちを高揚させることもリーダーの役割ですが、そもそも人はどうすると高揚するのでしょうか？　高揚とは精神や気分などが高まることで、「よし、やってやろう」「自分に任せてほしい」と思えるような、胸の高鳴る気持ちになることです。**特に、仕事を任せたメンバーに気合を入れて頑張ってほしいときには、リーダーは「言葉」や「行動」を仕掛けてメンバーの気分を高めます。**

私も、営業時代には月末の最終日とか、スタッフ時代には大事なプロジェクトの山場などで、気持ちを高揚させる仕掛けをしたものです。また仕事以外のスポーツなどでも、大事な試合でキャプテンがよく気持ちを高揚させる仕掛けをしています。気合を入れる、かけ声をかける、大学であれば校歌を歌う……なんて方法もとっているでしょう。

ただし、高揚しすぎると気負いすぎて思わぬ失敗をしたり、無謀な選択をしてしまう可能性もあるので、ときにはメンバーの気持ちを落ち着かせる必要性も頭に入れておきましょう。

「言葉」「態度」でチームを盛り上げよう

高揚していないチーム

チームの成果は低い

高揚しているチーム

チームの成果は高い

05

評価でメンバーを発奮させる

職場でメンバーを高揚させるための大きな要素の一つが「評価」です。評価のポイントには以下のようなものがあります。

①成果だけでなくプロセスも評価する
②評価基準を明確にする
③評価に合った責任や権限を持たせる
④期待を伝える
⑤報酬を与える

私がリーダーのときは、職場のメンバーに「責任」や「名誉」を感じさせる言葉を投げかけることで、気持ちが高揚するきっかけをつくっていました。例えば、

「このプロジェクトで関わる仕事は重大な任務だと思ってください」

と、周囲の期待や責任感の重さで気分を盛り上げたり、

「社長と直接仕事ができる機会はなかなかないですよ」

と、役目の名誉な点を強調し、やる気を高めたりするのです。誰でもそうですが、**気持ちが高揚すると期待値以上の成果につながることが少なくありません。**

メンバーのやる気を高める評価のポイント

成果だけでなくプロセスも評価する

「プレゼンの内容がよかった」「他のメンバーをよくサポートした」「面倒な作業を担当した」など

評価基準を明確にする

「同じ仕事をしても○○さんより評価が低かった」では、やる気はがた落ち。評価基準を極力具体的に

評価に合った責任や権限を持たせる

言葉だけではなく、より大きな仕事を任せたり、仕事の難易度を上げたりして、こちらの信頼を伝える

期待を伝える

言葉だけではなくメールや文書で伝えたり、ミーティング時など他のメンバーの前で伝えたりすると効果的

報酬を与える

給料アップの査定、海外研修のチャンスを与える、など

06

メンバーのやる気を削ぐ言葉に注意！

メンバーの仕事でのやる気をキープするためには、任せた仕事の状況を聞く際にも「聞き方」をいろいろ考える必要があります。特にポイントとなるのが、任せた仕事の途中経過を尋ねる際の聞き方です。

やる気マンマンでスタートしたとしても「本当に大丈夫か？」とリーダーは気になることが山積みでしょう。ただ、ここで、

「あの仕事どうなっている？」

と、**あまり細かく聞かれると、任せられた立場からすれば「信用していないの？」という気持ちになります**。やる気を削ぐ結果になりかねないので、聞き方はとても重要です。ちょっと話が脱線するようですが、

「ちゃんと宿題やっている？」

と言われて、「今のひと言でやる気がなくなった」と開き直る子供っていませんか？　子供は親の疑いの目を大いに嫌います。話を戻すと、子供だけではなく、ビジネスパーソンも疑いの目は気持ちいいものではありません。くれぐれもメンバーのやる気を削ぐ言葉はかけないようにしたいものです。

信頼感が伝わらない言葉遣いは避ける

リーダーの言葉	言われたメンバーの気持ち
「あの仕事はちゃんと進んでいますか?」	やっぱり信用されてないんだ…
「いいから、私の言うとおりにすればいいんですよ」	じゃあ、自分では何も考えなくてもいいや
「全然できてないじゃないですか」	頑張ってやった部分は全然見てくれないんだ
「せっかくこの仕事を任せたのに……」	どうせ自分の能力じゃこの仕事はできないよ今度は断ってやる
「いいですよ、適当にやっておけば」	自分はどうでもいい仕事しか任されないのか

07

仕事の進み具合はポジティブな言葉で聞く

メンバーにやる気を出させたいときには我慢も必要です。当然ですが、メンバーの仕事の途中経過は気になります。リーダーとして、任せた仕事には責任があるからです。けれども聞き方には気をつけましょう。メンバーのやる気を下げず、むしろやる気を高めるような途中経過の聞き方はあるのでしょうか？

実はあります。意外と簡単な方法です。それはメンバーの仕事ぶりに期待し、興味を示しながら聞くという方法です。「大丈夫？」ではなく、「興味がある」などと言って聞くと、メンバーは素直に経過を教えてくれるはずです。

「すごく興味があるので途中経過を教えて」

と質問をして、返ってきた答えに対しては否定することなく、

「それはすごいですね」

などとポジティブなコメントを返すように心がけましょう。

仕事の途中経過を聞くという質問の目的は同じですが、リーダーのスタンス一つでメンバーの受け取り方は大きく変わるのです。人は「やらされ感」の高い仕事は嫌だということがよくわかりますね。

仕事の進行状況の上手な聞き方

「すごく興味があるので途中経過を教えてもらえますか?」

- 心配していると言うと
  相手は信頼されていないと感じる

「それはすごいですね」

- 話をいきなり反論・否定すると反発を招く
  まずはポジティブなコメントから

「ここはどうなっているんでしょう?」「あなたならどう思いますか?」

- 一方的な指示を与えるのではなく、
  意見を聞くことにより自分で考えさせる

「大丈夫、あなたならできますよ」

- 信頼感と今後も期待していることをアピール

「サポートが必要なら遠慮なく言ってください」

- 問題が発生したとき、メンバーがリーダーに
  声をかけやすくなる

困った！に答える 03

Q ダメ出しをすると、すぐにキレるメンバーがいます…

チームに非常に短気で扱いにくい人がいます。問題点にダメ出しなどしようものなら、逆ギレしてこっちの話を聞きません。こんな扱いにくいメンバーに対し、リーダーとしてどう指導したらよいでしょうか？

人に欠点を指摘されて気持ちのいい人はいません。だから、ダメ出しされてキレるのは、ある意味で当たり前です。**そもそも、リーダーだからといって、あなたがメンバーに対して面と向かってダメ出しをすることなど10年早いのです。**相手がキレるような対応をしておきながら、「あの人は短気だから困る」などと言っているようでは、いつまで経っても優秀なリーダーにはなれません。

何か気にかかることがあったら、相手を否定するのではなく、「こういうやり方もあるけどどう思う?」と、自分なりに新しいやり方を提案する言い方にしましょう。

これは話し方のテクニックではなく、基本的なスタンスの問題です。リーダーには管理職のような絶対的な命令権があるわけではなく、また、教師のように「自分の方が絶対に正しい」と言える立場にはありません。そこを勘違いして「リーダーである自分の方が正しいから、あの人の考えを正してやらなければならない」とばかりに、上からものを言うような姿勢では、メンバーの反感を買うだけでしょう。

「私は思うんですけど、こういうやり方ではどうでしょう?」「こういう言い方なら、お客様に対して不快感がないかもしれませんね」というように、「否定」ではなく「提案」をすることで、問題は十分に解決できます。謙虚に、誠実に、メンバーに対応してください。

A 「否定」ではなく「提案」を。リーダーは謙虚で誠実にがモットー

Leader's Checklist 03

		YES	NO
1	メンバーの個性や仕事の状況によって声のかけ方を変えているか	✓	✓
2	チームがマンネリに陥ったときに新しいことを始めているか	✓	✓
3	ライバルを登場させてチームを刺激しているか	✓	✓
4	メンバーに声をかけて気持ちを高めているか	✓	✓
5	メンバーのやる気を高める評価をしているか	✓	✓
6	メンバーのやる気を削ぐような言葉をかけないようにしているか	✓	✓
7	仕事の進行状況をポジティブに聞いているか	✓	✓

YES〔1〜3〕 もう一度本章を読み直そう

YES〔4〜6〕 苦手な箇所をおさらいしてみよう

YES〔7〕 さらにレベルアップを目指そう

Part 4

メンバーを
グンと成長させるコツ

01

「メンバー全員」をレベルアップするには

リーダーにはメンバー全員のレベルアップを図る役割がありますが、リーダーがすべてのメンバーを手取り足取り指導することは不可能です。

しかし、自分の経験を「伝える」「教える」ことでレベルアップに貢献することはできます。これは同じチームで成果を分かち合うために大変重要な役割です。ただしメンバーを無理やり指導してはいけません。そんなことをしてもメンバーの成長を妨げるだけで、かえって逆効果です。**大切なのは「レベルアップ」の相談が舞い込みやすい雰囲気をつくること**です。いつもバタバタ忙しそうだと声もかけられません。

そしてメンバーから相談が持ちかけられたら、「こんなふうにやってみたら？」と、ヒントとサポートだけを与えて自分で考えさせることが大切です。そのあとで「どうだった、うまくいった？」と、その後の進捗状況を聞いてみたり、うまくいかない点をアドバイスするなどのフォローをしていきます。

ときには「期待しているから」とアグレッシブに叱咤激励をする必要もあるでしょう。メンバーが創意工夫するための「指導員」になってください。

こうすればメンバーを上手に指導できる！

1 メンバーが質問しやすい雰囲気をつくる

- リーダーが忙しそうにしていると質問しづらいもの

2 ヒントとサポートだけを与え自分で考えさせる

- 手取り足取り教えるのは、メンバーの成長につながらない

3 ときには叱咤激励型の指導も必要

- 「期待しているから」といった、アグレッシブな接し方もあり

02

優れたリーダーは褒めるのが上手

褒められて嬉しくない人なんていません。ましてや先輩から「やるじゃない」と褒められれば、「明日も頑張るぞ」となるはずです。ところが実際のところ、職場には褒め上手なリーダーは、なかなかいません。

●自分は褒められたことがない
●褒める言葉をうまく使えない

などが理由ですが、最近の若手社員には叱るより褒めて育てる方法をおすすめします。**大切なのは、そのメンバーの「伸びてほしい点をきっちりと褒める」ことです。**

ただし、褒めるのも度が過ぎると、調子に乗り逆効果となる場合があります。単に「あなたはすごい」「大した人だ」と持ち上げるだけの褒め言葉は避けた方がいいでしょう。リーダーからすれば、小さな成功体験を通じてやる気を次につなげるために褒めているのに、「自分は大した仕事をやったのだ」「この成果は自慢してもいいだろう」と勘違いするメンバーは意外に多いのです。自己を過信してしまうメンバーをつくることは、周囲にとっていい迷惑にしかなりません。

上手に褒めて、自信を持たせる！

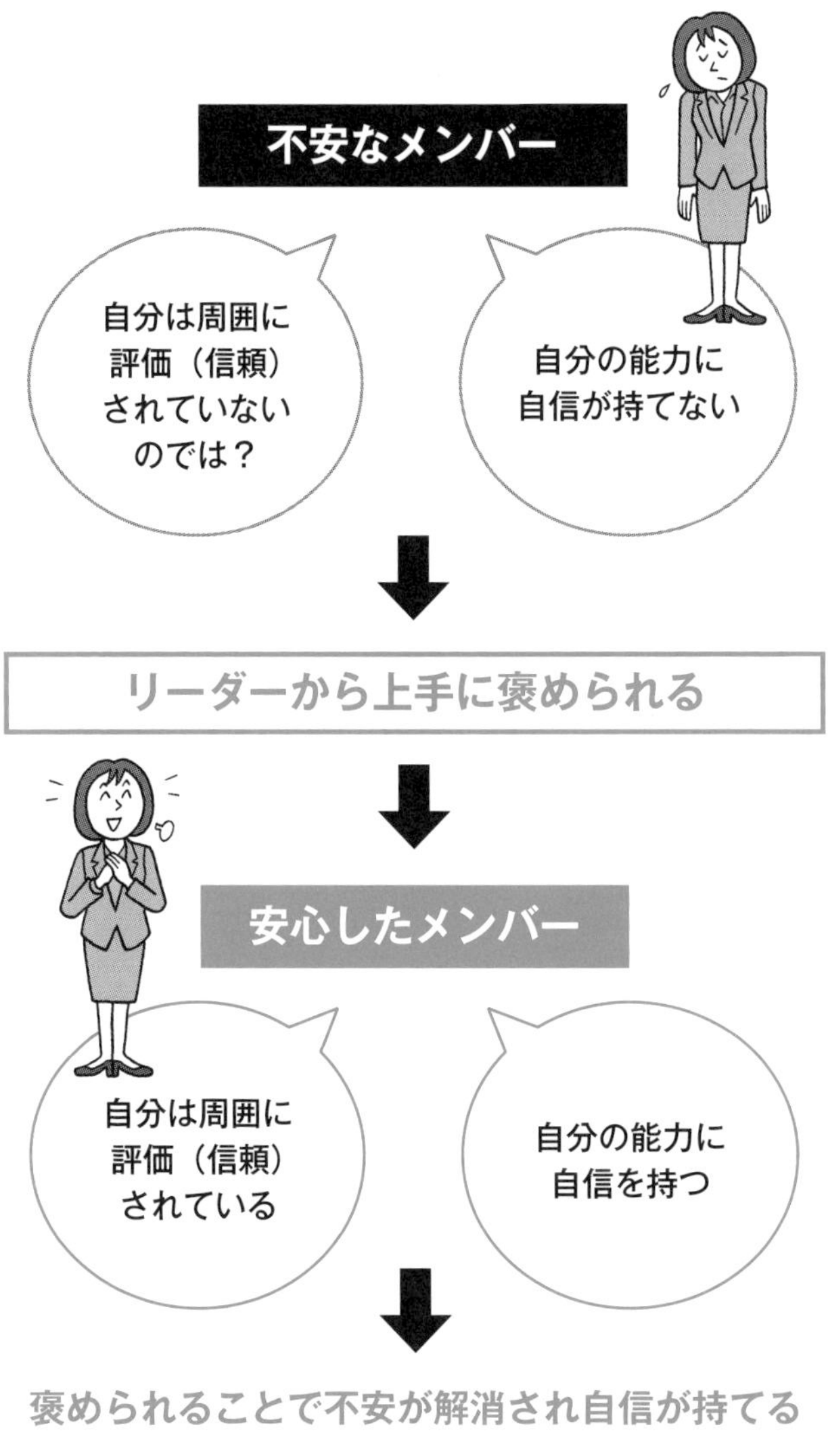
不安なメンバー
自分は周囲に評価（信頼）されていないのでは？
自分の能力に自信が持てない
リーダーから上手に褒められる
安心したメンバー
自分は周囲に評価（信頼）されている
自分の能力に自信を持つ
褒められることで不安が解消され自信が持てる

03

メンバーの長所や、成長した部分を褒める

メンバーを天狗にさせずに「明日からも頑張ります」となるような褒め方のコツとして、

①まだ成長途中だと諌めつつ
②成長著しい点を褒める
③最後に期待を込める

この3つを意識して褒めることが挙げられます。例えば、接客を担当する新人メンバーの仕事ぶりを褒めるときに、

「まだ合格点はつけられないものの、お客様への迅速な対応はだいぶ進歩しましたね。素晴らしい。さらに精進してください。期待しています」

のように具体的な成長点を褒めると、メンバーは素直に受け取ってくれるはずです。このとき、褒める場所やタイミングにも注意するとよいでしょう。上司や他のメンバーがいるところで、すぐその場で褒めるのが最も効果的です。

また、褒めるためには、メンバーの成長を的確に把握することも大切です。思いつきで「あなたはすごい」などといい加減に根拠もなく褒めてしまえば、すぐにメンバーにその策略をさとられてしまいます。気をつけましょう。

上手に褒めて、自信を持たせる！

1 タイミング

- その場で褒める

2 場　所

- できるだけ上司や
  他のメンバーのいるところで

3 内　容

- 評価できる点を具体的に述べる
- 成長している点を褒める、
  次への期待を込める
- 言葉を飾るよりも、
  素直な気持ちを伝える

04

単純に怒鳴っても逆効果！

「あなたはいつも同じミスをするからダメなんですよ」

「もっと気を利かせるようにと何回言わせたら気が済むんですか！」

と、きつくダメ出しされれば、誰だって落ち込むはずです。私も若かった頃、先輩から提案書の書き方の指導を受ける際に、いつもは間違えない簡単な見積もりでミスを連発したことがあります。

「しまった、同じページの見積もり金額の修正を忘れてしまった……」

大いに反省しましたが、そのミスを見つけた先輩は「ここぞ」とばかりに厳しく叱りつけてきました。

「なんで同じミスをするんだ。大体、お前は普段から落ち着きがないからこうなるのだ。たるんでいるのか？」

この叱咤はグサリときました。けれども先輩の意図に反し、前向きに「次から」頑張る気持ちになれない気分が自分の中に蔓延するだけでした。

単純に自分の怒りを感情的にぶつけるだけでは、かえって相手を反発させたり、不必要に萎縮させたりしてしまうことにもなりかねません。

叱り方でメンバーは変わる！

○ 適切な叱り方

- 冷静になって論理的に話す
- 攻撃するのではなく教えることが目的。
  必要に応じて改善案を提示する
- 仕事や事実に関して叱り、
  人格を攻撃・否定しない
- 必要に応じて、周囲に人のいない別室で叱る
- 相手がきちんと理解できるように話す

↓

その結果

↓

納得・反省・奮起

05

メンバーを叱るときの3つのステップ

お互いの関係にしこりが残らないよう、メンバーが「次から改めよう」と思えるような叱り方をしたいものです。そのための最善の方法は、

①ミスを確認する
②原因を聞く
③「このままだと本人が損するから」と叱る

の3ステップで叱ることです。まず**ミスを確認するときには、第三者の情報を鵜呑みにせず、本人に事実を確認することが大切**です。次に、なぜ失敗が起こったのかという原因を本人に考えさせます。そして、相手の将来を考えて間違いを正しているのだと理解してもらうことです。

このステップを踏むと、次のような叱り方ができるはずです。

「これで2度目の計算ミスですよ。なんで起きたんだと思いますか？　こんなミスをしていると自分が損するだけだから、二度としないようにしてくださいね」

ダメと言い切ってしまえば相手は傷つくだけですが、「損する」と指摘されると自分のこととして反省ができるのではないでしょうか？

「上手な叱り方」の流れ

ステップ 1

ミスを確認する

（例）**「２度目の計算ミスですよ」**

- 「あの人はここを失敗しました」などという、第三者からの情報を鵜呑みにせず、まず本人に事実関係を確認する

ステップ 2

原因を聞く

（例）**「なんで計算ミスをしたと思いますか？」**

- 表面的なミスを追及しても問題解決にはつながらない。なぜ失敗が起こったのか、根本的な原因を考えさせる

ステップ 3

相手のデメリットを強調

（例）**「こんなミスをしていると自分が損しますよ」**

- 「あなたが憎いのではなく、このままだと将来あなた自身が損をするから間違いを正す」という点を伝える

06

リーダーとメンバーが一緒になって成長する

リーダーとメンバーは助け合い、足並みをそろえて成長し、信頼関係を深めていくもの。一方的にリーダーが引っ張っていくだけではなく、ときにはメンバーの貴重なアイデアが難局を打開する局面もあることでしょう。そうやって**目標に向かって頑張ることで、リーダーとメンバーは一緒に大きく成長できます。**

「先輩のおかげで今の自分があるのです。ありがとうございます」

実際に二人三脚で結果が出ると、こんな嬉しい感謝の言葉をもらえる場合もあります。こうなるとリーダーも思わず目頭が熱くなるものです。リーダーは自分の仕事で多忙を極めている場合も少なくないので、メンバーと二人三脚で成長できる機会がない人もいるかもしれません。けれども、だからこそ、ここぞという機会にお互いの力を結集して成長を実現したいものです。

ちなみに二人三脚で成長したケースといえば、ソチ・平昌の冬季オリンピックのフィギュアスケートで金メダルを獲得した羽生結弦選手とブライアン・オーサーコーチの関係を思い出します。常に行動をともにして、お互いの意見をぶつけ合い、目標のため選手とコーチの役割を全うしたのです。

目標に向けて、ともに頑張る！

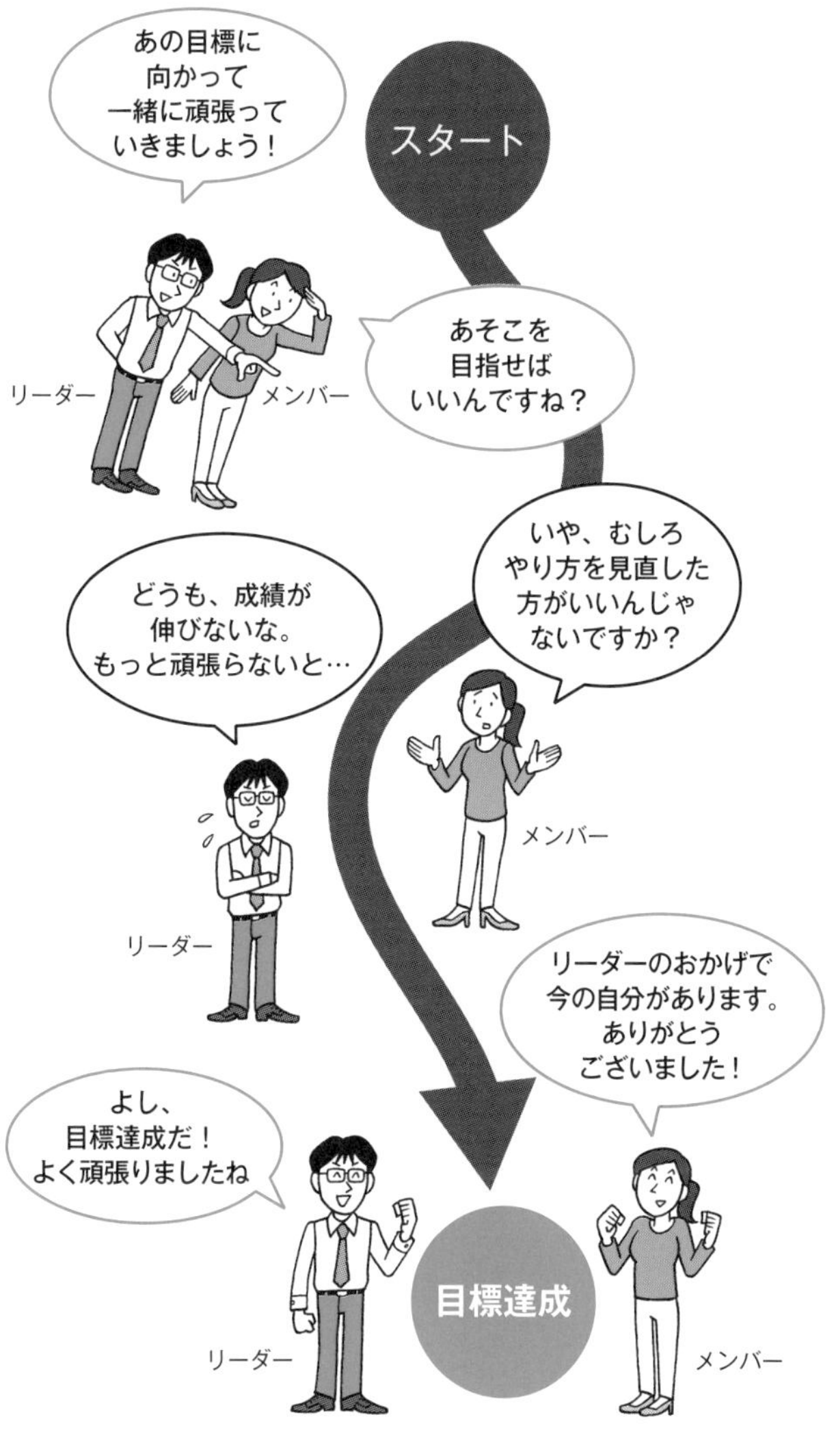
あの目標に
向かって
一緒に頑張って
いきましょう！
スタート
あそこを
目指せば
いいんですね？
リーダー
メンバー
どうも、成績が
伸びないな。
もっと頑張らないと…
いや、むしろ
やり方を見直した
方がいいんじゃ
ないですか？
メンバー
リーダー
よし、
目標達成だ！
よく頑張りましたね
リーダーのおかげで
今の自分があります。
ありがとう
ございました！
目標達成
リーダー
メンバー

07

意見を言い合える関係をつくる！

二人三脚で信頼関係を築いて成果を出すためには、

①目標が一致している

②意見をぶつけ合える

この2つがお互いに約束できていることが条件となります。

目標を一致させるには、期待する目標に関して、リーダーが具体的な「なってほしい状態」と「いつまでに」という期限を伝え、メンバーとすり合わせることが大切です。漠然とした目標を持っていても、いつまでも達成することはできません。

そして、意見をぶつけ合うためには、感情的にならずに、相手の意見を受け入れる余地を残しておく必要もあるでしょう。すべて自分の意見を通せると思うのが間違いのもとです。紙に書き出したりして話し合いの結果を記録しておくことも、のちのトラブルを防ぐ上で役に立ちます。

仕事で目指す目標を確認できた上で、お互いに忌憚なく意見が言い合えて、最後に決めたことは「やる」。これがリーダーとメンバーがともに成長していくためのコツなのです。

「二人三脚」がうまくいくコツ

目標が一致している

● 次の２つをきちんと設定すること

「こうなってほしい」という具体的な状態

「成績を上げる」など漠然としたものではなく、
「成績を２倍にする」などの具体性が大切

「いつまでに」という具体的な期限

「なるべく早く」「そのうち時間ができたら」という
漠然としたものは「目標」にはならない

意見をぶつけ合える

● ポイントは次の３つ

感情的にならない

感情的になるのは百害あって一利なし

話し合った結果を紙に書き出す

後日言った言わないのケンカにならないよう
メモしておく

譲れる内容と譲れない内容を分けて考える

100％自分の意見を通そうとは思わないこと

困った！
に答える
04

Q 年上のメンバーがいて、非常にやりにくいです…

年上で仕事のキャリアも自分より長いメンバーがいて、非常にやりにくいです。向こうにしてみればこっちは年下。指示されるのも納得いかないだろうと気を使います。年上のメンバーにはどう接したらいいですか？

リーダーとは、偉い人のことではありません。まずそこを勘違いしないようにしてください。

また「年上のメンバーは偉いもの」という感覚を持っている人は、逆に、自分の年下に対して偉そうな態度で接しているのではないでしょうか。これではメンバーとの信頼関係はつくれません。

リーダーは、相手が偉い人か、立場の弱い人かで態度を変えないことが大切です。そうした姿勢を伝える方法として、年下や後輩のメンバーに対して、敬語で話してみてはどうでしょう。

年下には「明日までにこの仕事やっといて」と言いながら、年上に対しては「この仕事は来週までにやってもらえますか？」と使い分けるから、人間関係が複雑になるのです。誰に対しても「やってもらえますか？」と同じ態度で接すれば、メンバーの年齢は問題になりません。

さらに効果的なのが、メンバーを〝お客様〟と思うことです。飲食店で働いていて、お客さんに言われるなら笑って聞き流せるイヤな文句でも、メンバーに言われると頭にくるのはなぜでしょう？　それはあなたがメンバーを身内と思っているからです。甘えがあなたをわがままにするのです。

メンバーを「自分と一緒に仕事をしている〝お客様〟」だと思えば、何か仕事を頼むときでも、自然に「やってもらえますか？」と謙虚な言い回しになるのではないでしょうか。

A　相手を年齢や地位で判断しない。メンバーはみんな平等！

Leader's Checklist **04**

		YES	NO
1	メンバー全員のレベルアップを心がけているか	✓	✓
2	メンバーを褒めて伸ばしているか	✓	✓
3	褒める内容、場所、タイミングに注意しているか	✓	✓
4	怒りのままに怒鳴らないようにしているか	✓	✓
5	メンバーを叱る3ステップを意識しているか	✓	✓
6	メンバーと一緒になって成長しようとしているか	✓	✓
7	メンバーと目標を一致させ、意見をぶつけ合っているか	✓	✓

YES〔1〜3〕 もう一度本章を読み直そう

YES〔4〜6〕 苦手な箇所をおさらいしてみよう

YES〔7〕 さらにレベルアップを目指そう

Part 5

「さすが!」と思わせるリーダーのアイデア

01

斬新なアイデアを生み出すために

周囲のメンバーとは違った切り口の発想がリーダーから飛び出すと「さすが」と思うものですが、リーダーの発想は常に「さすが」でありたいものです。しかも「さすが」の意味は、「斬新」「視点が高い」「ユニークな差別化がある」ことに加え、「実効性」が高く、実現性があるものがいいでしょう。単なる思いつきをぶち上げても意味がありません。むしろ、

「あの人の意見は現実離れしている」

と一歩引かれてしまうことでしょう。斬新な意見を発信するためには、それを十分に練り上げる準備が必要です。ですからリーダーは、そのベースとなる情報収集にこだわってください。集めた情報を多角的に分析すると、新たな発想が生まれる可能性も高まります。

細かいことでもメモを取ったり、人に話してみたりするといった習慣も、斬新なアイデアを生み出す力を育てます。リーダーの毎日は多忙ですが、このように地道な心がけをおろそかにしないようにしたいものです。

メンバーとは違った切り口のアイデアを用意する

情報収集	テレビ、雑誌、ネットの他、街の風景、家族との会話など
多角的な分析	1つの情報を様々な視点から分析すると、思わぬ発想が生まれる
メモ	思いついたこと、気になったことは、忘れないようにすぐにメモを
話す	つまらないと思ったアイデアも、まずは人に話して反応を見る

斬新なアイデアは、毎日の心がけから生まれる

02

「ワンランク上」の視点の高さを持つ

リーダーは他のメンバーと違う視点の高さを要求されます。その理由は、将来を担う仕事を任されたり、意見を求められたりするからです。

「事業をどのように変革するべきでしょうか？」

「新商品の開発にアイデアが欲しいのですが」

こうした機会にリーダーは、「さすが」と思わせる視点の高さを要求されるのです。ちなみにこの視点の高さとは、

●**経済の動向を踏まえた戦略**

●**将来を見据えたビジョン**

などが備わっていることを意味します。「より広い範囲」と「より長い期間」を意識しなければならないということです。では、この視点の高さでチームのメンバーと差をつけるにはどうしたらいいのでしょうか？　そのためには日頃から周囲で起こる出来事を、

「自分よりワンランク上の高い役割から見たらどうなるか？」

と考える習慣をつけるといいでしょう。

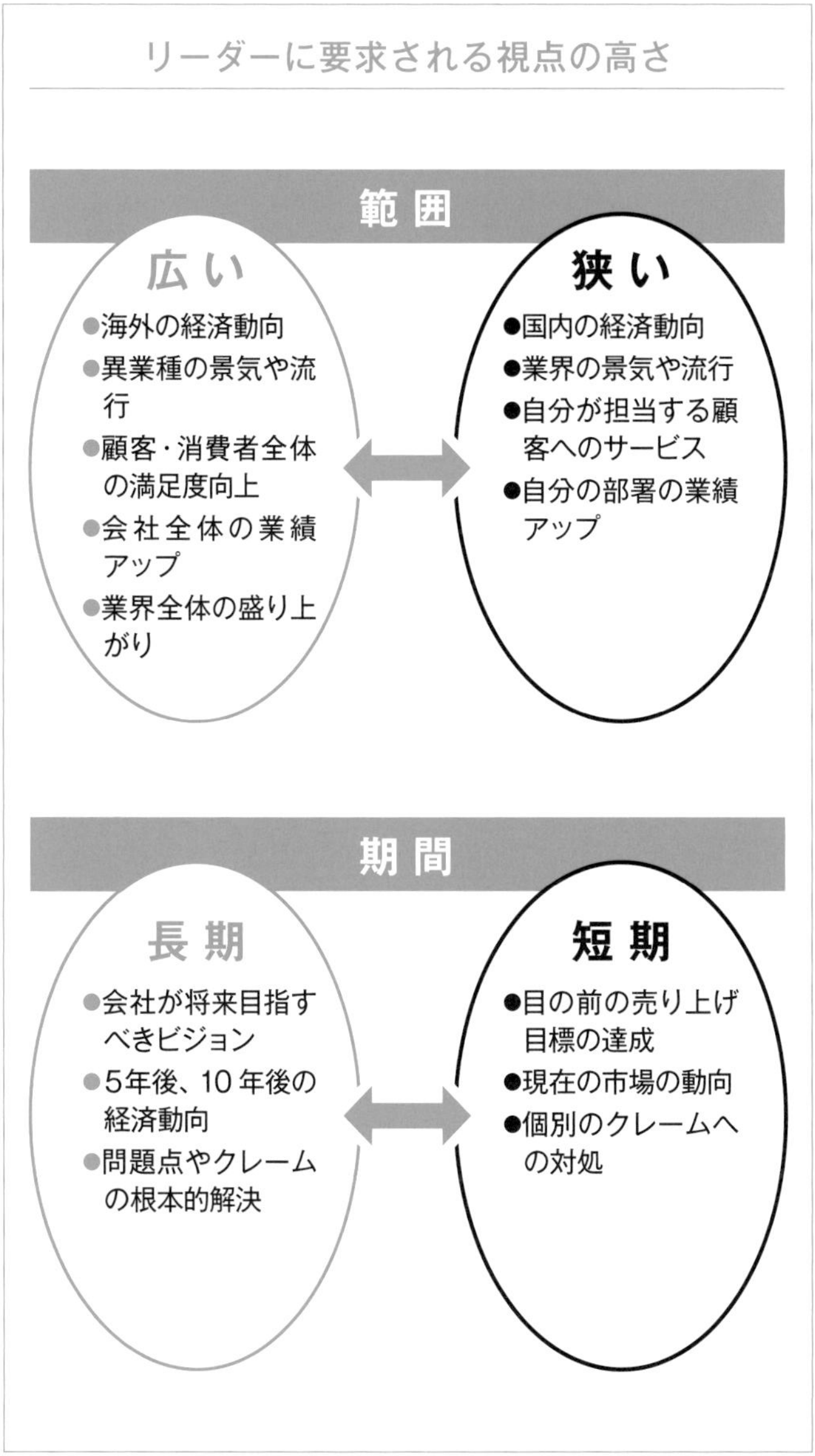
リーダーに要求される視点の高さ
範囲
広い
●海外の経済動向
●異業種の景気や流行
●顧客・消費者全体の満足度向上
●会社全体の業績アップ
●業界全体の盛り上がり
狭い
●国内の経済動向
●業界の景気や流行
●自分が担当する顧客へのサービス
●自分の部署の業績アップ
期間
長期
●会社が将来目指すべきビジョン
●5年後、10年後の経済動向
●問題点やクレームの根本的解決
短期
●目の前の売り上げ目標の達成
●現在の市場の動向
●個別のクレームへの対処

03

部長になったつもりで考える！

あなたが職場のリーダーとして主任クラスの立場なら、「部長」や「課長」の視点で考えてみることが有効です。例えば営業主任のあなたが、

「商品の価格が一律5％上がった」

と聞けば、自分のお客様の顔を思い出して「どのように説明しようか」と頭を痛め、「困った」で終わりかもしれません。ところが営業課長の視点なら、

「同業他社の動向を察知しなければ」

と考えるかもしれませんし、部長になれば、

「原油も上がって、あと1回は値上げをしなければならない。次は原材料の安い新商品を企画しなければ」

と、次期商品の開発のことまで頭をよぎっていることでしょう。

ここで重要なのは、視点が高くなると問題意識も次の行動も変わるという点です。**視点を上げて上のポジションに立ったつもりで考え続けていると、ワンランク上の考え方とワンランク上の行動ができるようになります。**それに伴って、目先の細かいことが気にならなくなります。

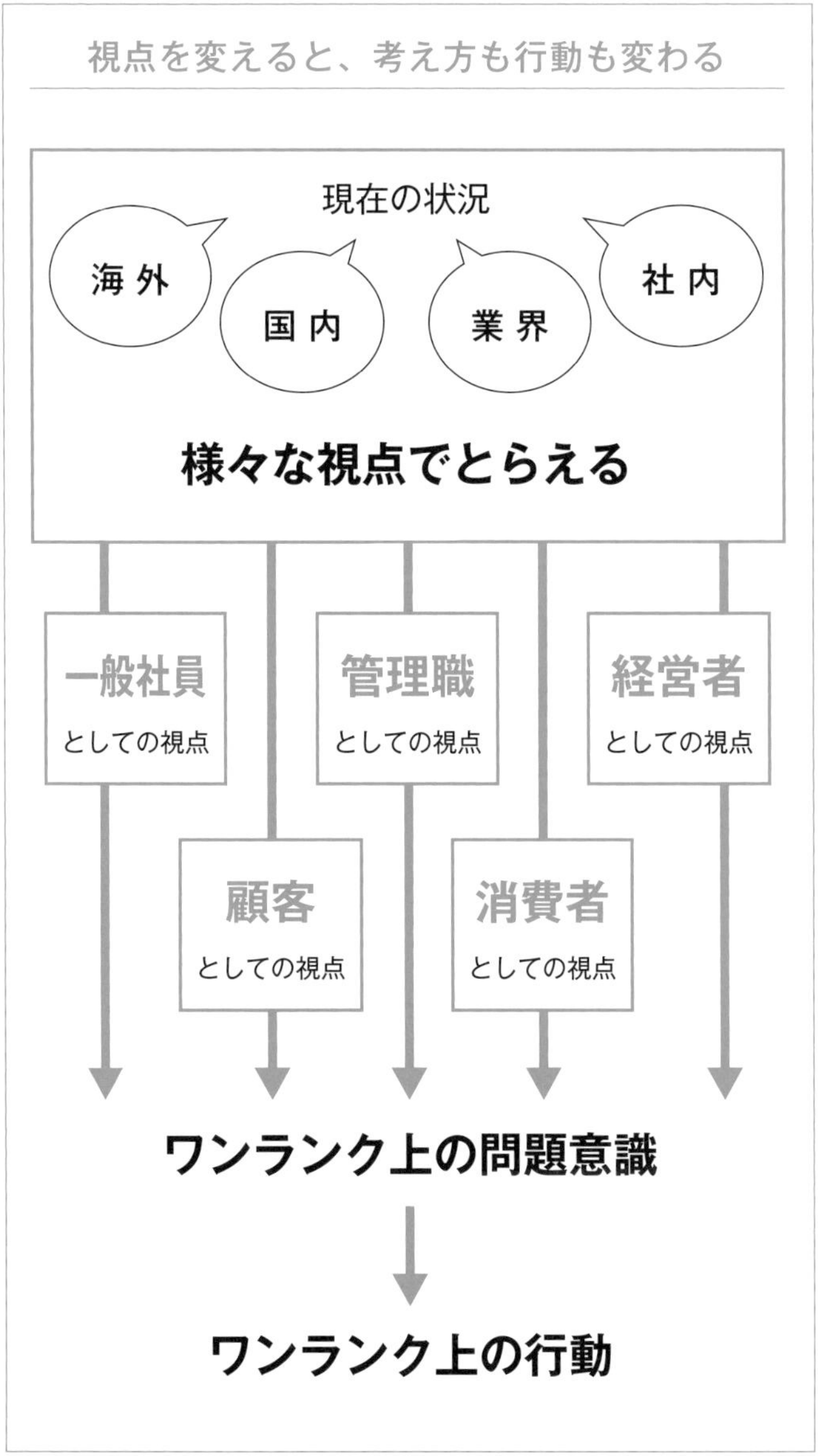
視点を変えると、考え方も行動も変わる
現在の状況
海外
国内
業界
社内
様々な視点でとらえる
一般社員
としての視点
管理職
としての視点
経営者
としての視点
顧客
としての視点
消費者
としての視点
ワンランク上の問題意識
ワンランク上の行動

04

「仕事のやり方は盗んで覚えよ」では、ついてこない

リーダーは現場のメンバーを引っ張る存在です。ですから、メンバーから何か相談を受けるときには具体的なアドバイスを期待されます。

「どうしても仕事がうまくいかない」

と相談を受けたリーダーに期待されるアドバイスとは、どんなものでしょうか？　それはメンバーがアドバイスを聞いて「なるほど」と思い、具体的に実行に移せる実現可能な道筋です。

実現が難しい理想論を、いくら熱心に繰り返していても、「到底ついていけないな」と思われるのが関の山でしょう。

また、昔は「盗んで覚えよ」タイプのリーダーも少なくありませんでした。

「聞きたいことは日頃の行動を見て、自主的に盗めばいい」

ということなのですが、それでは最近のメンバーはなかなかついてきません。

わずかなヒントだけ教えて「あとは考えなさい」、という昔気質職人の親方のようなタイプは、もはや現代のリーダー像からかけ離れた存在です。実現可能な道筋を説明し、具体的にイメージできるところまで指し示してあげる方が、時代に合っている気がします。

よいアドバイスとは？

○ 具体的で実現可能な道筋を説明する

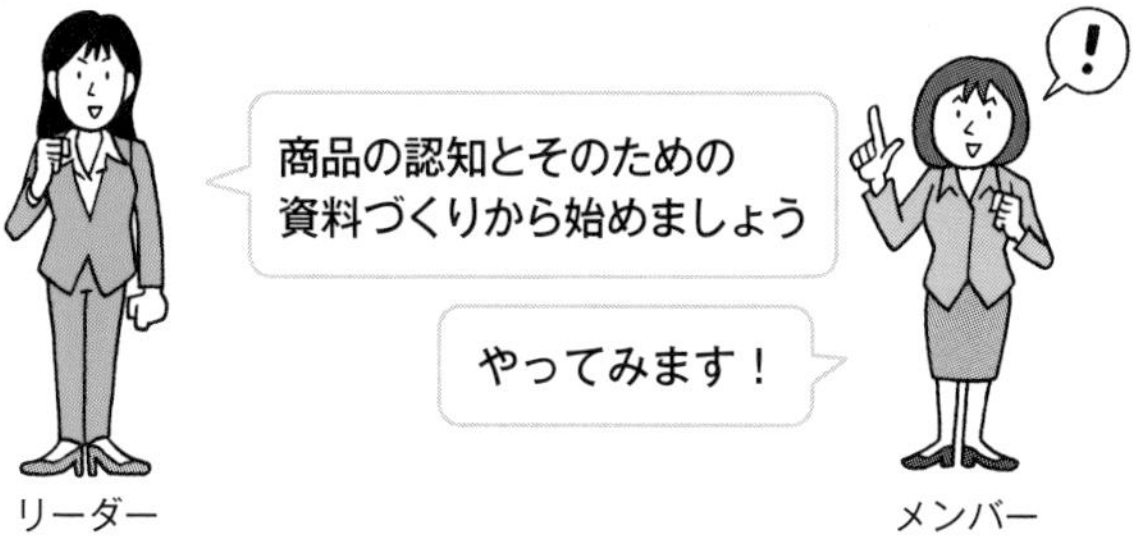
商品の認知とそのための
資料づくりから始めましょう
やってみます！
リーダー
メンバー

× 実現が難しい理想論を振り回す

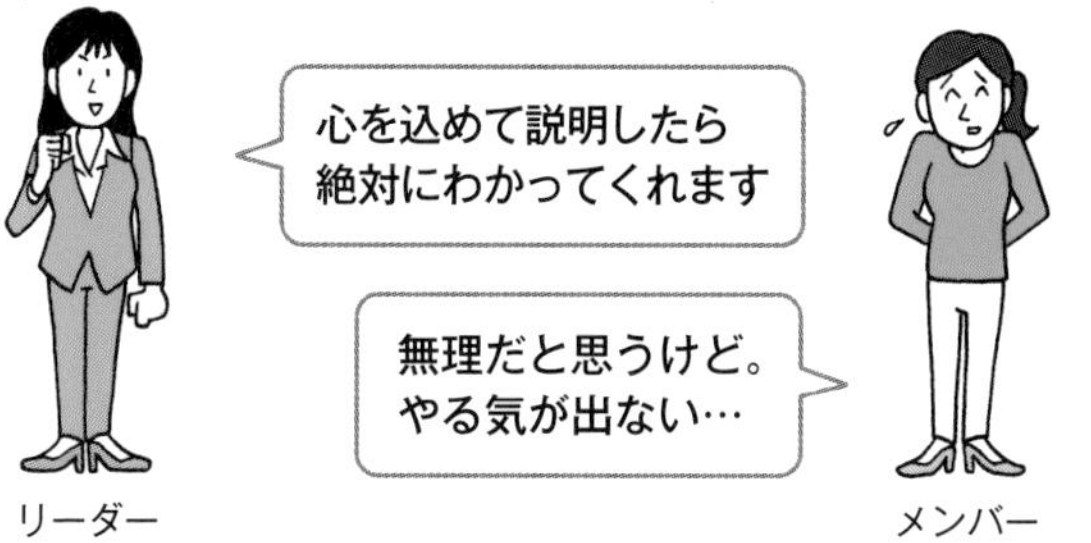
心を込めて説明したら
絶対にわかってくれます
無理だと思うけど。
やる気が出ない…
リーダー
メンバー

× 具体的な言葉で説明しない

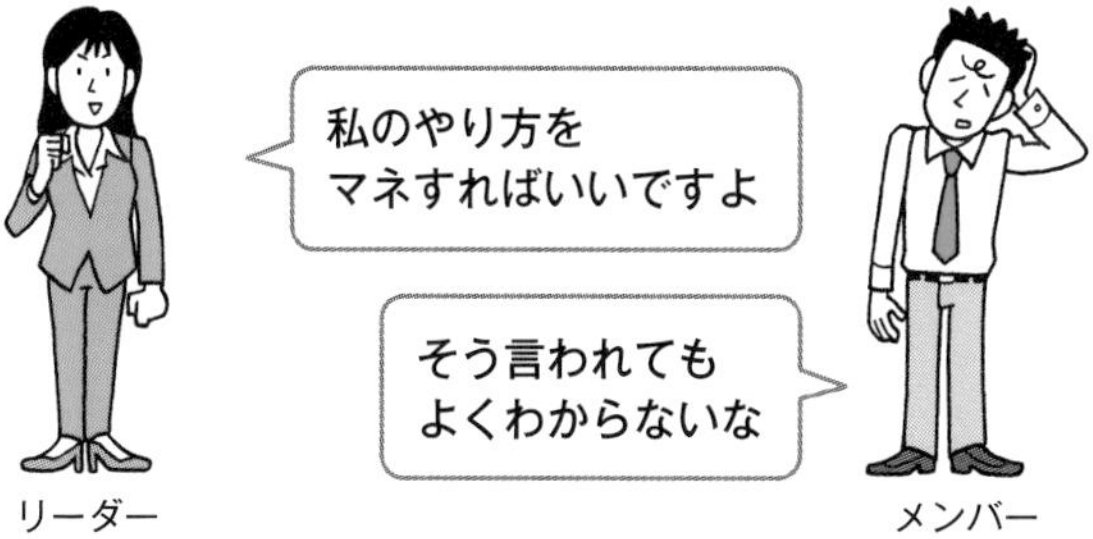
私のやり方を
マネすればいいですよ
そう言われても
よくわからないな
リーダー
メンバー

05

アドバイスのあとは伝わったかどうかを確認しよう

もしメンバーから相談を受けたら、もったいぶったりはせず、

「私ならこのようにやります」

と、これまでの経験を生かしつつ、**自分なりのやり方をできるだけ具体的にアドバイスしてあげましょう。**

「その商談なら、担当者以外のキーパーソンに会わないと商談が進まない気がしますね。私なら、上司の方に挨拶をしたいと伝えて、部長に会う段取りをつけますよ」

と、経験を生かしたやり方を伝授するようにしましょう。できることならアドバイスをした後、

「具体的にイメージできましたか？」

と聞いてみましょう。メンバーがピンときていないようであれば、その原因を聞いて、さらに違う角度から別のアドバイスをすることもできます。「具体的にイメージできましたか？」の確認を繰り返して、メンバー本人が具体的な道筋が見えるようにやってみるのはいかがでしょうか。大切なのはあくまでも相手が「何を理解しているか」であることを忘れないでください。

アドバイスの流れ

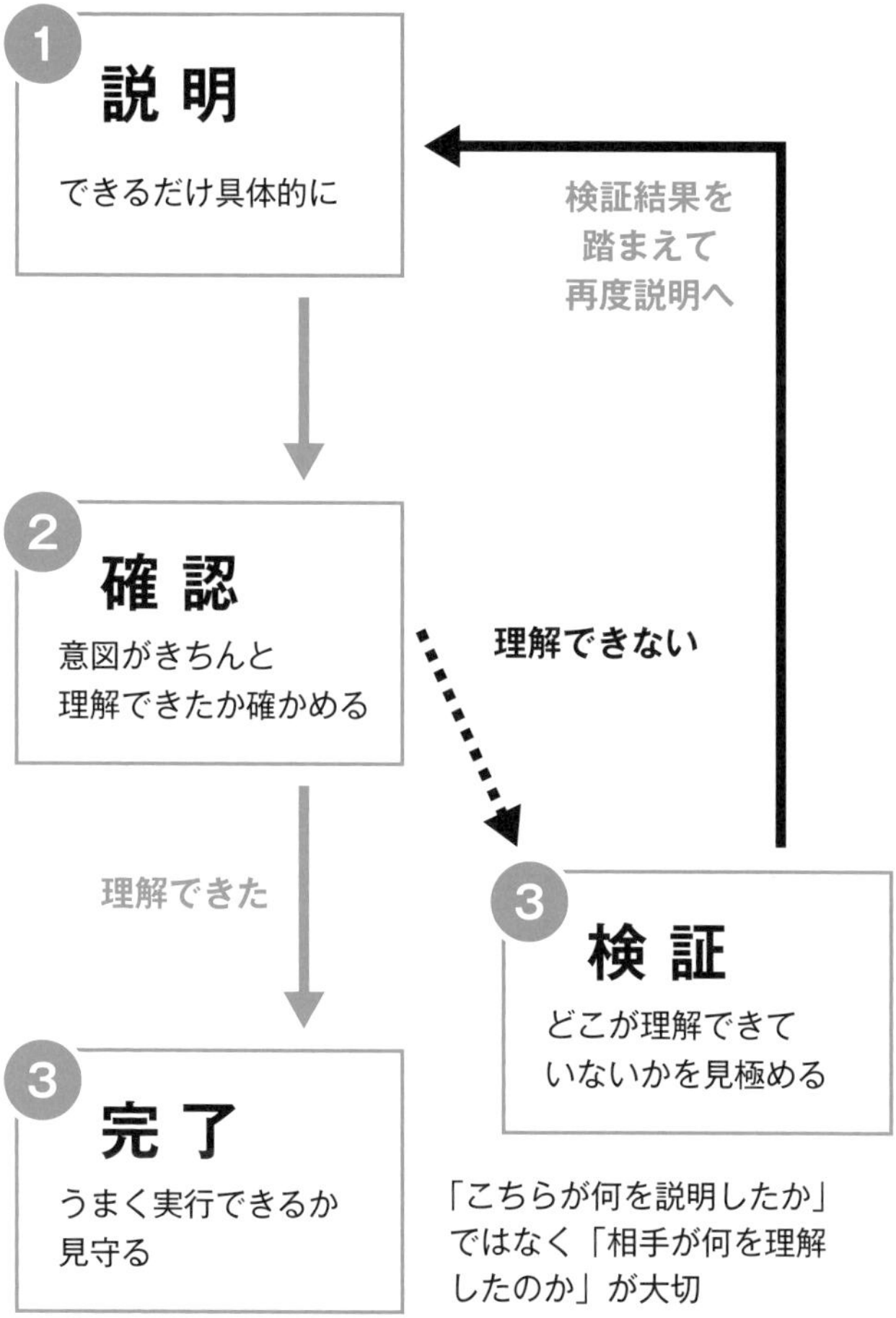
1
説 明
できるだけ具体的に
検証結果を
踏まえて
再度説明へ
2
確 認
意図がきちんと
理解できたか確かめる
理解できない
理解できた
3
検 証
どこが理解できて
いないかを見極める
3
完 了
うまく実行できるか
見守る
「こちらが何を説明したか」
ではなく「相手が何を理解
したのか」が大切

06

リーダーの器を見せるチャンスはここだ！

リーダーは器の大きさも期待されます。この「器とは何か」ということを説明するのは難しいのですが、「あなたに降りかかったマイナス情報に対して許せる範囲」とここでは表現しておきます。具体的には、

「失敗しても責めない」「損しても怒らない」

こうしたマイナス情報に対して許せる範囲＝器が大きいことをリーダーは期待されています。メンバーの失敗に対処する損な役回りなどと聞けば、「やっかいな」ことと感じるかもしれませんが、ここが見せ場とふんばりたいところです。では、

「メンバーの失言でお客様から怒りのクレームを受けたとき」

「メンバーのミスでプロジェクトが大幅に遅れたとき」

こんなふうに、「迷惑をかけないでください」と叱りたくなるくらいのマイナス情報が舞い込んだときに、リーダーはどうしたらいいのでしょうか？

大切なのは「動じない」姿を見せることです。どんな「やっかいな」出来事も、起きてしまった事実は変えられません。結局は原因を聞いて解決案を考えることになるのですが、リーダーは終始、何ごとにもあわてない姿を見せることが大切です。

問題が起きたときにリーダーの「器」がわかる！

	○	×
お客様からクレームが	●やっかいごとを引き受ける	●クレーム処理をメンバーに押しつける
担当者の失敗で損失が出た	●原因を解明し、アドバイスをする	●感情的になって、担当者を責める
メンバーに関して悪い噂が流れた	●事実を確認し、的確に対処する	●噂を無条件に信じて、メンバーを責める
顧客から担当者を変えろと不当な圧力が	●防波堤となって担当者を守る	●事実を確かめずに担当者を責め、担当から降ろす

07

マイナス情報は最後まで吐き出させる

チームのメンバーがミスをしてしまったときは、動じない姿を見せた上で、**「起きたことはしょうがない」と〝まず〟言い切ってしまった方が、メンバーも安心します。**

さらに営業であれば、「また次の仕事で取り返せばいい」と言う場合もあるでしょう。いずれにしても、メンバーがもたらしたマイナス情報を、いったんは広い心で受け止めて伝えるのです。

さらに、「何か隠している（言いにくい）ことがあれば、この機会に話してもらえませんか」と、マイナス情報がさらにあとから出てこないように吐き出させることも大切です。こうすることで結果的に損失を最小限に防ぐこともできます。

よくあるのは、メンバーがマイナス情報を小出しにすることです。ただ怒るだけでは、リーダーや組織がどこまで許してくれるか不安で、すべてを明らかにしないことがあるのです。

器の大きさを示してマイナス情報を受け止めれば、「以後」のメンバーとの信頼関係も大きく変わるでしょう。

チームに問題が発覚したら…？

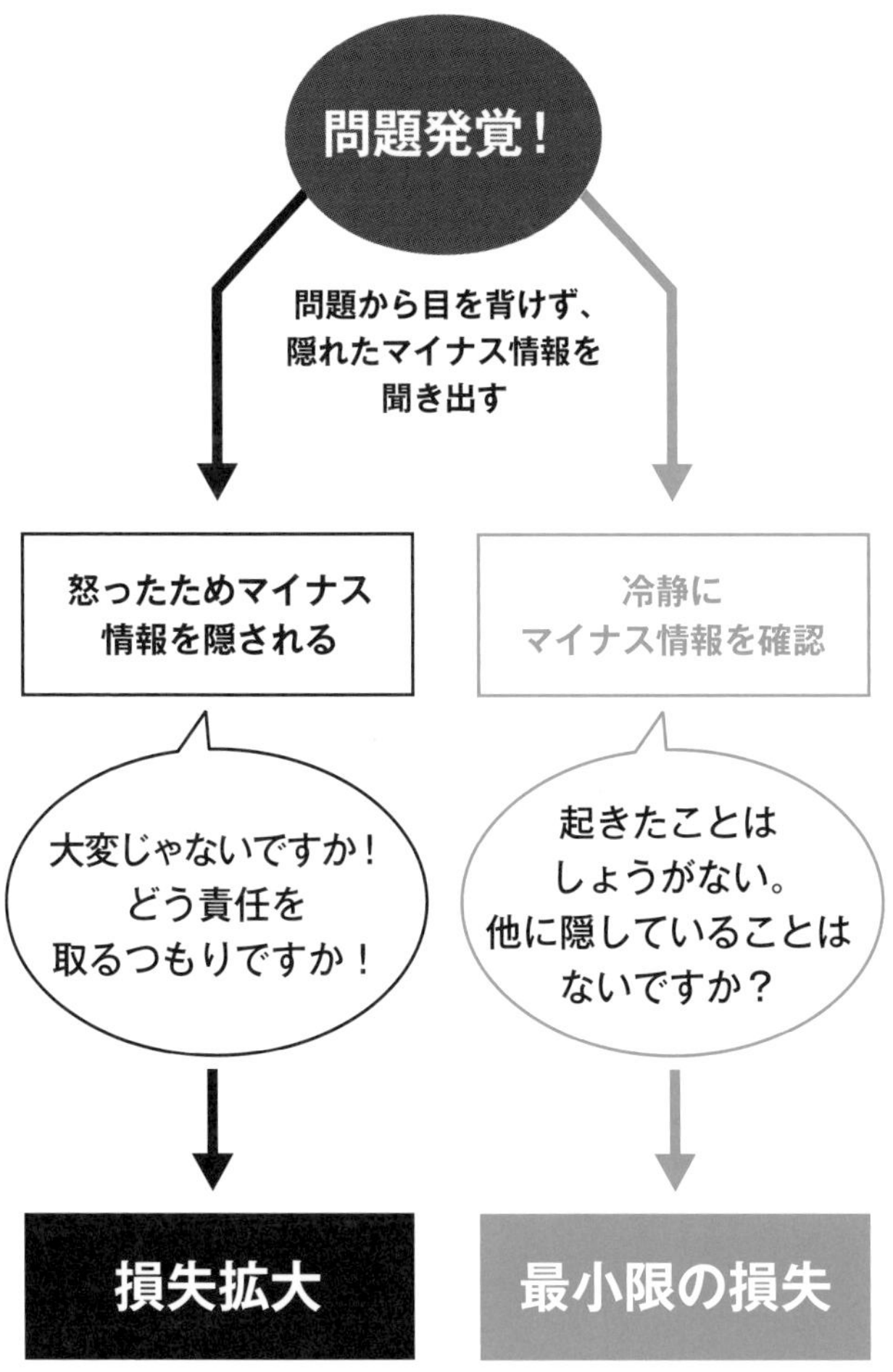
問題発覚！
問題から目を背けず、隠れたマイナス情報を聞き出す
怒ったためマイナス情報を隠される
冷静にマイナス情報を確認
大変じゃないですか！どう責任を取るつもりですか！
起きたことはしょうがない。他に隠していることはないですか？
損失拡大
最小限の損失

困った！
に答える
05

Q

女性のメンバーに、どう接していいかわかりません

昔から女性と話すのが苦手な私ですが、チームのメンバーは女性がほとんど。どう接すればうまくいくのか教えてください。

今の世の中は「多様化の時代」などと言われ、男性、女性はもとより、外国人、ハンディキャップのある人などが一緒に働くケースが増えてきました。同じようなバックグラウンドを持つ人が集まっていた時代よりも、リーダーとして難しい問題が増えているのは確かでしょう。

このような状況で求められるのは、女性を特別視せず、メンバーそれぞれが大事にしている価値観を理解することです。できれば面接などの際、直接意見を聞く場を設けるとよいと思います。

特に、それぞれのメンバーにとって「嫌なこと」を知っておくことが肝心です。「タバコの煙がダメです」「こういう冷たい言い方は苦手です」といった「どうしても嫌なこと」を理解して、それをやらないようにしていけば、確実に信頼感を得られるはずです。

そしてもう一つポイントがあるとすれば、「清潔感」でしょう。つばを飛ばして話すとか、スーツにフケが付いているという状態は、男女問わず誰もが拒絶感を示します。高級スーツを着るよりも、スーツを常に清潔に保つことを意識した方がよいでしょう。

この2つを守っておけば、あまり神経質にならなくても大丈夫ですよ。

A メンバーの「嫌なこと」を理解・配慮することが大切！

Leader's Checklist 05

		YES	NO
1	周囲のメンバーとは違う斬新な アイデアを出しているか	✓	✓
2	「広い範囲」と「長い期間」を 意識して考えているか	✓	✓
3	上のポジションに立ったつもりで 考えているか	✓	✓
4	メンバーに具体的に実行できる アドバイスをしているか	✓	✓
5	アドバイスがきちんと伝わったか 確認しているか	✓	✓
6	メンバーの失敗にあわてず 対応できるか	✓	✓
7	メンバーのマイナス情報を 寛大な気持ちで受け止めているか	✓	✓

YES〔1～3〕 もう一度本章を読み直そう

YES〔4～6〕 苦手な箇所をおさらいしてみよう

YES〔7〕 さらにレベルアップを目指そう

「チームを引っ張る！」編

Part 1

まずはピンチを切り抜けろ！

01

ピンチのときほどリーダーの実力が問われる

野球のリリーフピッチャーで、ピンチに動じない守護神のような存在、って頼りになりますね。もちろん職場でもピンチは訪れるもの。お客様からのクレームや契約のミスのようなことから、会社が倒産するかもしれないほどの大事件まで、ピンチは頻繁に訪れます。そんなピンチのときに現場でメンバーを仕切るのはリーダーの役割です。具体的には、

- **まず周囲を落ち着かせる**
- **冷静に状況を把握する**
- **適切な判断と指示をする**

ということです。「大丈夫、私がなんとかしましょう」などと伝えて、マイナスの情報も収集して、「じゃあ◯◯さんは在庫をかき集めて、私とあなたはこれから先方に謝りに行きましょう」などと決定していくわけです。

ピンチは常にチャンスの裏返しです。突然舞い込むクレームを解決するだけではなく、さらに次の仕事へつなげることができれば、周囲のあなたを見る目が確実に変わるはずです。

ピンチ発生時の行動術

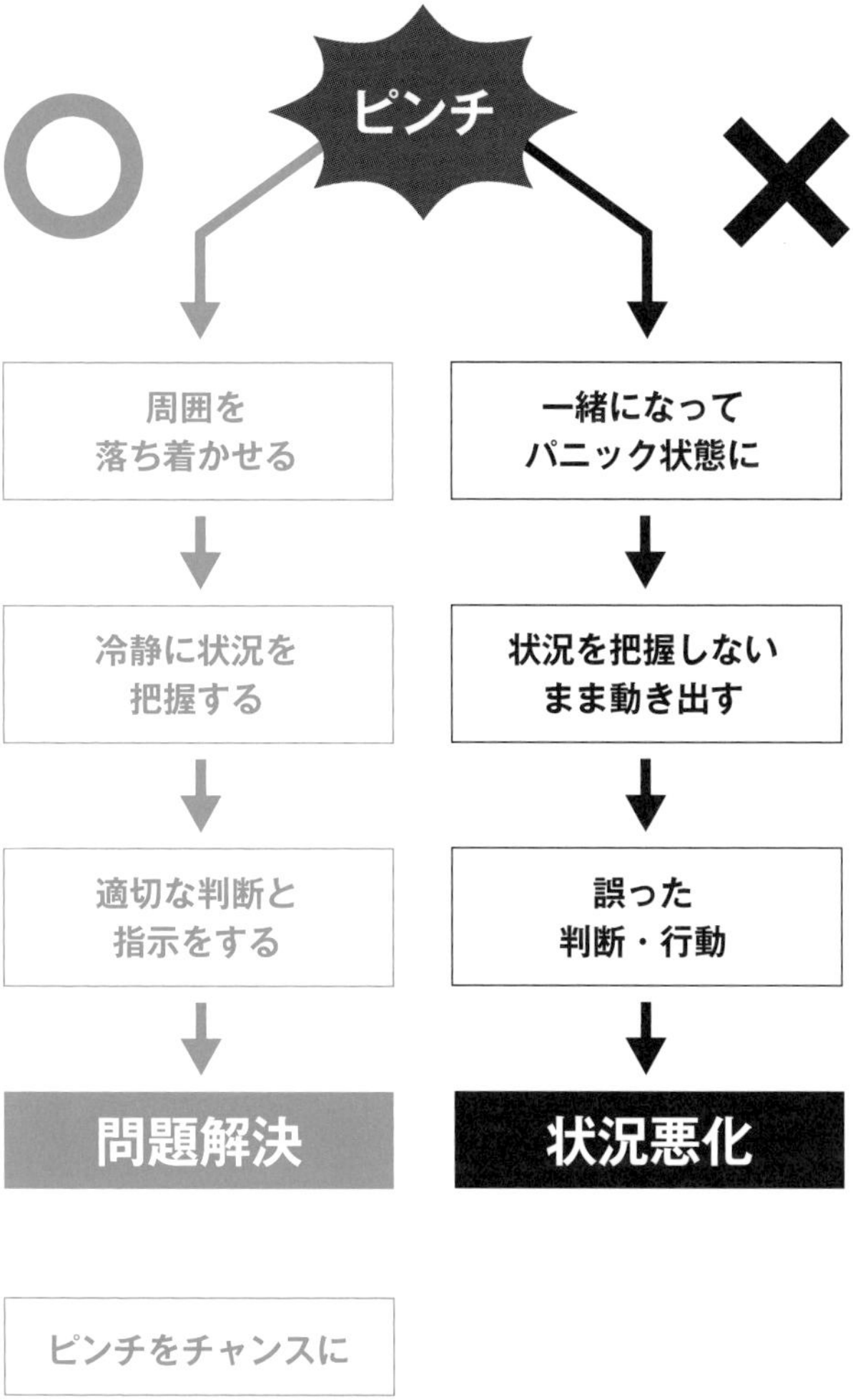
ピンチ
○
×
周囲を
落ち着かせる
冷静に状況を
把握する
適切な判断と
指示をする
問題解決
一緒になって
パニック状態に
状況を把握しない
まま動き出す
誤った
判断・行動
状況悪化
ピンチをチャンスに

02

ゲーム感覚で難題をクリア！

「大変な仕事を、大変そうな顔をしてやるなら誰にでもできる」と語るリーダーに会ったことがあります。

「では、難題にぶつかったらどうすればいいのですか？」

と尋ねたところ、意外な答えが返ってきました。

「明るく笑っちゃうくらいの気持ちもいいのだけれど、それより難題を克服したらどんな楽しいことが待っているか考えながら、ぶつかるようにしています」

つまり、難題はいくら考えても難題なのだから、「早く片づけて、これが終わったらビールを飲む」といった楽しいことを設定してモチベーションにしようという発想なのでしょう。

こうしたやり方も一つのよい方法だと思いますが、私はそこからさらに一歩進め、**難題を解決するプロセスそのものに自分の成長の機会がある、と考えて取り組む**ようにしています。

例えば、営業トークを苦手にしていたある女性は、「お客様と会ったときに相手を必ず笑わせる」と決めて、成績表をつけるようにしたそうです。仕事にゲーム感覚を取り入れることで前向きに仕事をしようとする好例といえます。

前向きな姿勢で仕事をするコツ

大変な仕事を大変そうにやる

「大変でも仕事だから」と、ただひたすらに頑張る

↓ 一歩進んで！

難題を克服した後に楽しいことをつくる

「終わったらビールを飲む」など難題を片づけ終わった後に楽しいことを設定してモチベーションを維持

↓ さらに一歩進んで！

難題の解決そのものを喜びにする

難題を乗り越えるプロセス自体を楽しみ、自分の成長の機会と考える

例えば **仕事にゲーム感覚を取り入れる**

営業トークに苦手意識を持っていたある女性は、「お客様と会ったとき相手を必ず笑わせる」ことを試み、毎月成績表をつけることに

03

ポジティブな発想でチームの難題を乗り越える

チームで難題を乗り越え、楽しく仕事をするためにはどうしたらよいでしょうか。ポイントは次の5つに集約されます。

①「楽しい」と口にする
②周囲の環境を褒める
③楽しくない日は早めに仕事を切り上げる
④ネガティブな発言をやめる
⑤他人を批判しない

チームの運営に限らず、リーダーは普段からこのようにポジティブな発想をすることが大切です。例えば、手間がかかる数字集計を任されたとき、私なら、

「この数字集計で学べることは何か？」
「学んだことは何に応用できるか？」

などと考え、集計の間も自分が学んでいる気持ちをなくさないようにしています。このように発想すると、何ごとも前向きに取り組む逆転の発想ができるのです。壁にぶつかったり、困難な状況に陥ったりしたときこそ、状況をポジティブにとらえたいものです。

チームで仕事を楽しむ5つのポイント

Point 1

「楽しい」と口にする

意識してあえて「楽しい」と口にすることで、気分を上向きにする

Point 2

周囲の環境を褒める

問題点だけではなく、どんなときでもよい点を見つけ出す目を養う

Point 3

楽しくない日は早めに切り上げる

調子の悪い日は、思い切って仕事を早く切り上げる

Point 4

ネガティブな発言をやめる

ネガティブな発言は、気持ちやものの見方まで後ろ向きにする

Point 5

他人を批判しない

むやみに他人を批判すると、トラブルのもとにしかならない

04

ビジョンを示してチームの結束力をUP!

「こんな厳しい時期だから、心を一つにして……」

こんなメッセージが経営者から発信されたのを耳にしたことはありますか？　私は業績不振の企業の朝礼などで、同じような発言を何回も聞いたことがあります。

ところが経営者の思いとはうらはらに、「心が一つ＝一枚岩になっている状況」を、ほとんど見たことがありません。その理由は、厳しい状況を乗り越えたあとに、メンバー自身にどんなメリットが待っているか、具体的に指し示していないからです。

「厳しい状況を打開しても給料は同じ、仕事も変わらない」

そんな状態なら、頑張る社員はいなくて当たり前です。 メンバーは会社の思いに共感してその会社を選んだかもしれませんが、長く頑張って働いていくためには思いだけでは不十分です。

チームを一枚岩にするには、まず目指すべきビジョンを全員で共有し、ゴールに待っているメンバーの将来に見合ったメリットを提示する必要があります。その上で、メンバーの成功を素直に喜び、感謝や感動の気持ちを伝えていけば、メンバーの心は一つになるはずです。

チームを一枚岩にする3つのポイント

Point 1
目指すべきビジョンをチーム全員で共有する

- 明確なビジョンを設定し、仕事の場から日常会話まで、事あるごとに口にする
- チームに問題が起こったら隠さずに共有し、みんなで解決に当たる

Point 2
「このリーダーについていけば得をする」と思わせる

- 適宜メンバーの仕事の範囲を拡大する
- 公平で平等な評価を行う
- 自分のスキルや人脈を惜しげもなく与える
- メンバーの失敗は全力でサポートする

Point 3
感謝や感動をチームで共有する

- 正直かつ具体的に褒める
- ミーティングや職場など、人のいるところで感謝を伝える
- メンバーの成功を自分のことのように喜ぶ

05

メンバー一人ひとりにインタビュー！

もしあなたが厳しい状況にあるチームのリーダーであるなら、

まず現場のメンバーの価値観を個別に理解しましょう。

「あなたは将来どうしたいのですか？　３年後のビジョンを聞かせてください」と直接メンバーにインタビューをするのもいいかもしれません。メンバーによってそれぞれ価値観は違うでしょうから、

「困難を乗り越えたら、給料は必ず上げると社長も断言しています」
「困難を乗り越えたら、新しい事業に投資することを確約します」
「困難を乗り越えたら、新規採用を復活して事業拡大を目指します」

などと、メンバーの目指すゴールに合った発言を心がけるとよいでしょう。

ちなみに私も、先の見えない厳しい状況を体験したことがあります。所属していた会社、リクルートが、２兆円近い借入をしていた頃です。経営が「まずは借金返済」を謳うものの、返済後の「次」を示さない時期が長く続いたことがありました。次が見えないままに頑張るのは大変つらいことで、不安を抱えて会社を辞める社員も少なくありませんでした。厳しい状況で一枚岩になるのは難しいと痛感しました。

厳しい状況にあるチームでリーダーはどうふるまうか

メンバーの価値観や目指すものに合った発言を心がける

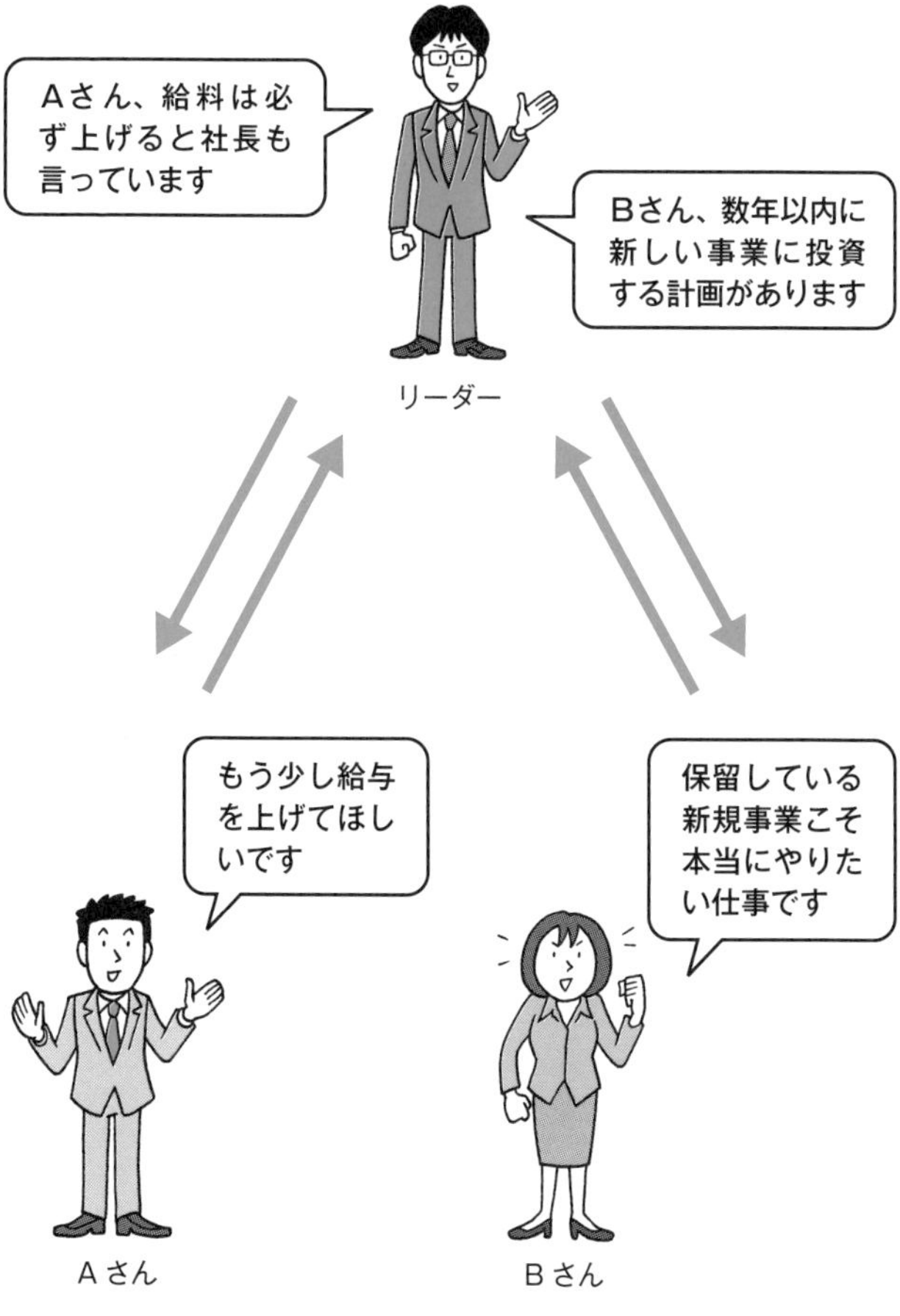
Aさん、給料は必ず上げると社長も言っています
Bさん、数年以内に新しい事業に投資する計画があります
リーダー
もう少し給与を上げてほしいです
保留している新規事業こそ本当にやりたい仕事です
Aさん
Bさん

06

「ガケップチ」から逆転させるコツ

長く仕事をしていれば、どんな手を打っても状況が好転しない、「万事休す」の状態にぶつかることが何回もあります。

「営業最終日に売り上げ目標額にまったく達していない」

「いくら考えても解決策が出ないトラブルに遭遇」

まさにリーダーの出番ともいうべき場面ですが、こんなときには、最後の最後まであきらめず、打開策を考えるのが一般的なやり方かもしれません。けれどもその一方で、ここまで追い詰められたら別の発想に転換する、というのも一つの手です。

そのやり方は、ズバリ「原点に戻る」です。

- **はじめから考え直してみる**
- **はじめからやり直してみる**
- **当初の気持ちに立ち返る**

その上で「今やるべきこと」を考えて、**やるべきことがあれば実行し、やるべきことが見当たらなければ「あきらめる」**でいいのです。そのほうが、下手に小細工するより、周囲からも潔く思われるはずです。

原点に戻り、問題解決の糸口を見つける

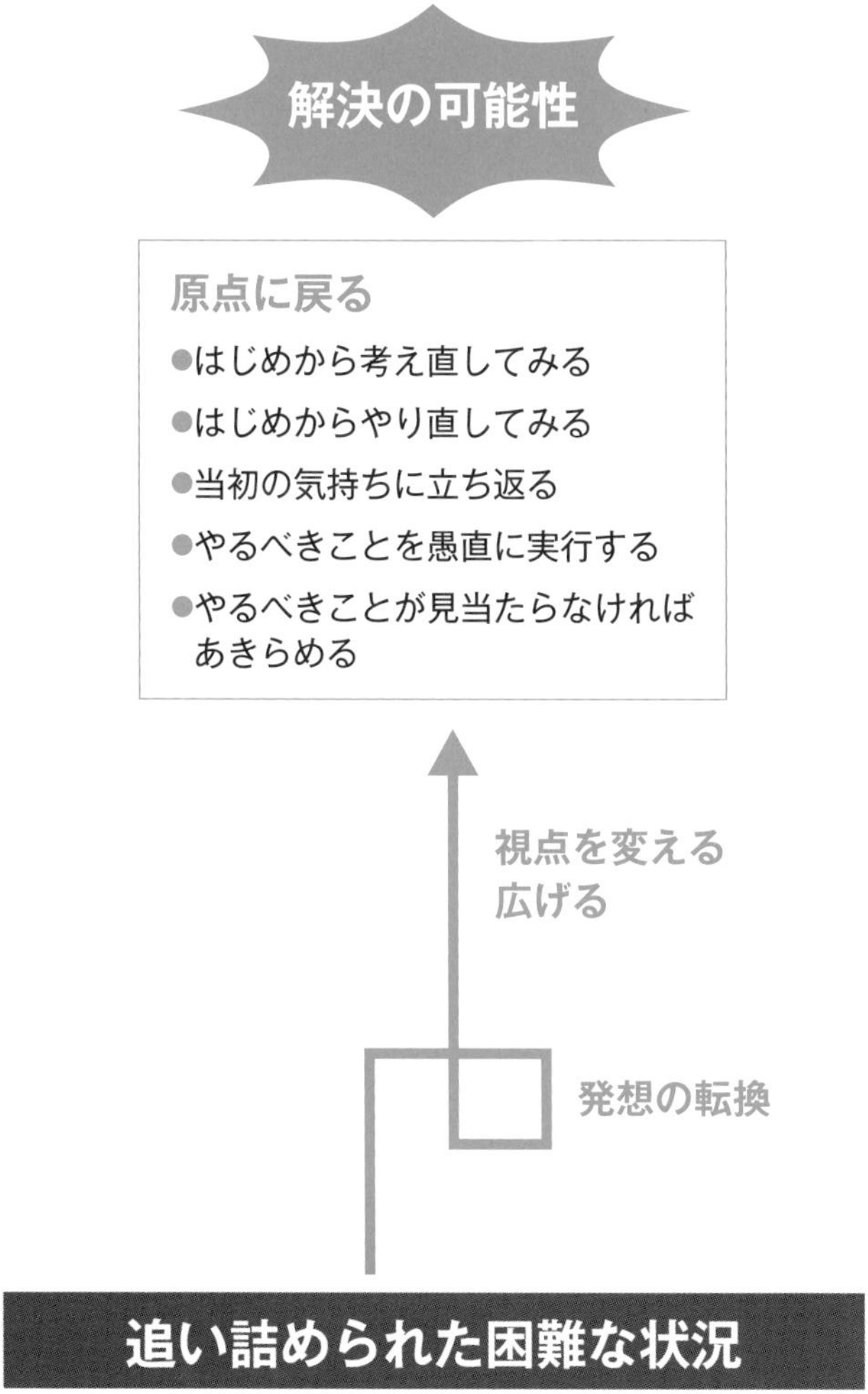
解決の可能性
原点に戻る
●はじめから考え直してみる
●はじめからやり直してみる
●当初の気持ちに立ち返る
●やるべきことを愚直に実行する
●やるべきことが見当たらなければあきらめる
視点を変える
広げる
発想の転換
追い詰められた困難な状況

07

「第三者」に聞くと打開策が見つかることがある

万策尽きたときに、**異業種で働く外部の信頼できる人に問題をぶつけてみると、思わぬ打開策が返ってくることがあります。**この方法を私は「壁打ち」と呼んで実際に実行しています（機密情報にふれない範囲での話ですが）。

例えば、文具メーカーに勤務する社員が、新製品の文具が性能はいいのにもかかわらず売れないことに悩んでいたとします。

そこで、旧知のテレビプロデューサーに壁打ちしてみると、「文具のよし悪しはわからないけど、その商品はネーミングセンスがないよ」と返してくれたりします。

同じ問題を洋服の販売員に壁打ちしてみると、「この色じゃ、自分の服に合わせにくいから、持ち歩きたいとは思えないな」と返ってくるかもしれません。

そして、家電メーカー社員に壁打ちすると、「これだったら、もっと小さい商品がつくれるんじゃないの。知っている工場を紹介しようか？」と返ってくることが考えられます。

そういった情報の中には、専門家である自分が気づかなかった決定的な打開策が含まれているかもしれません。リーダーはこうした発想の転換も求められるのです。

「壁打ち」をして解決案を見つけ出す

万策尽きたとき、外部の人に問題をぶつけると思わぬ打開策が返ってくることがある。この作業を「壁打ち」という

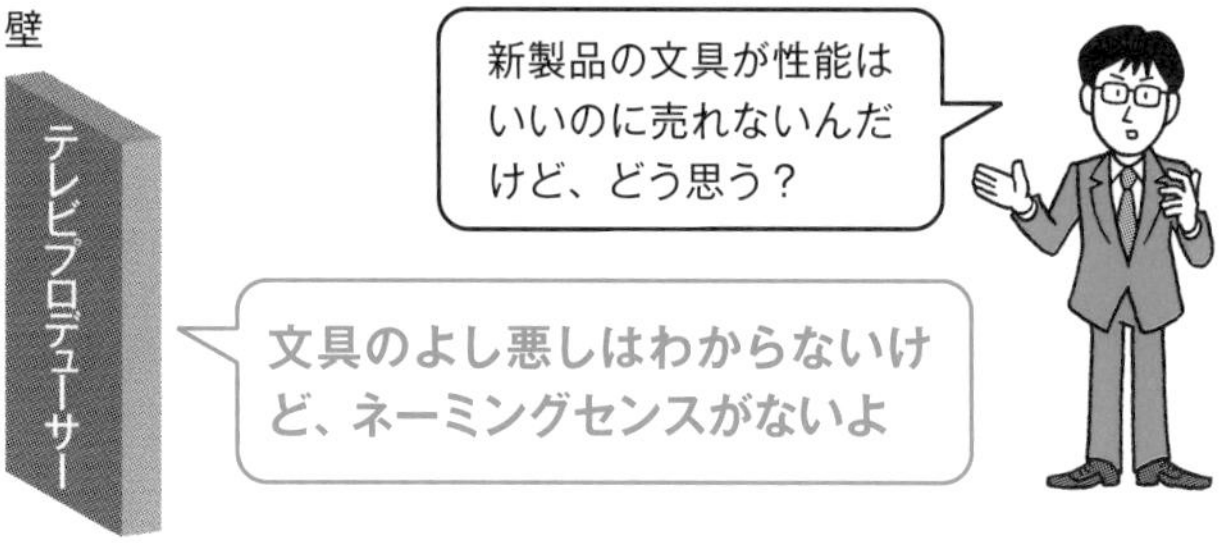
壁
テレビプロデューサー
新製品の文具が性能はいいのに売れないんだけど、どう思う？
文具のよし悪しはわからないけど、ネーミングセンスがないよ

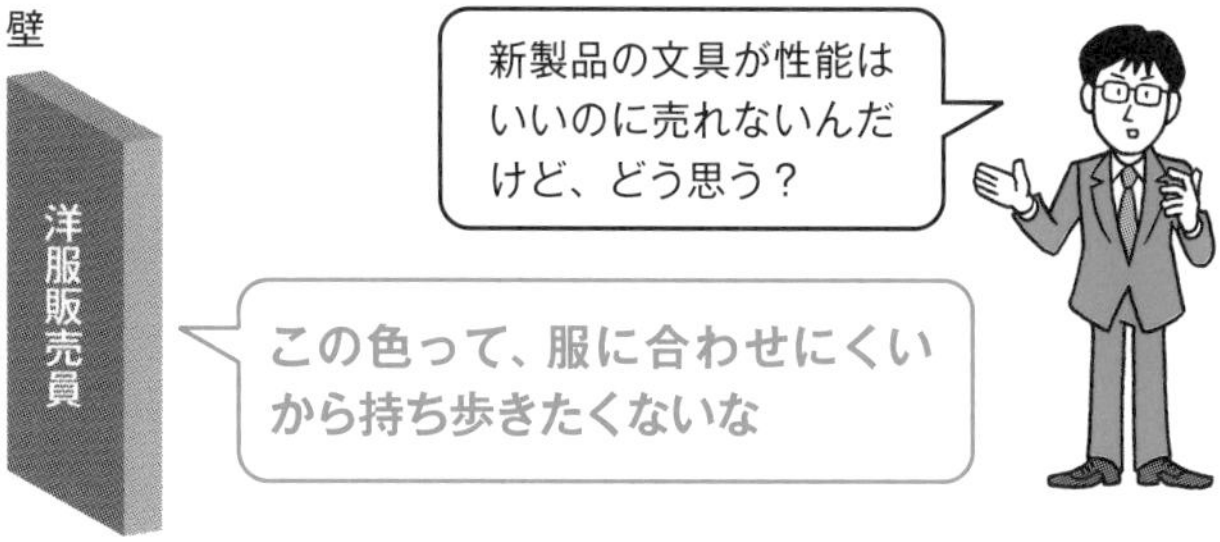
壁
洋服販売員
新製品の文具が性能はいいのに売れないんだけど、どう思う？
この色って、服に合わせにくいから持ち歩きたくないな

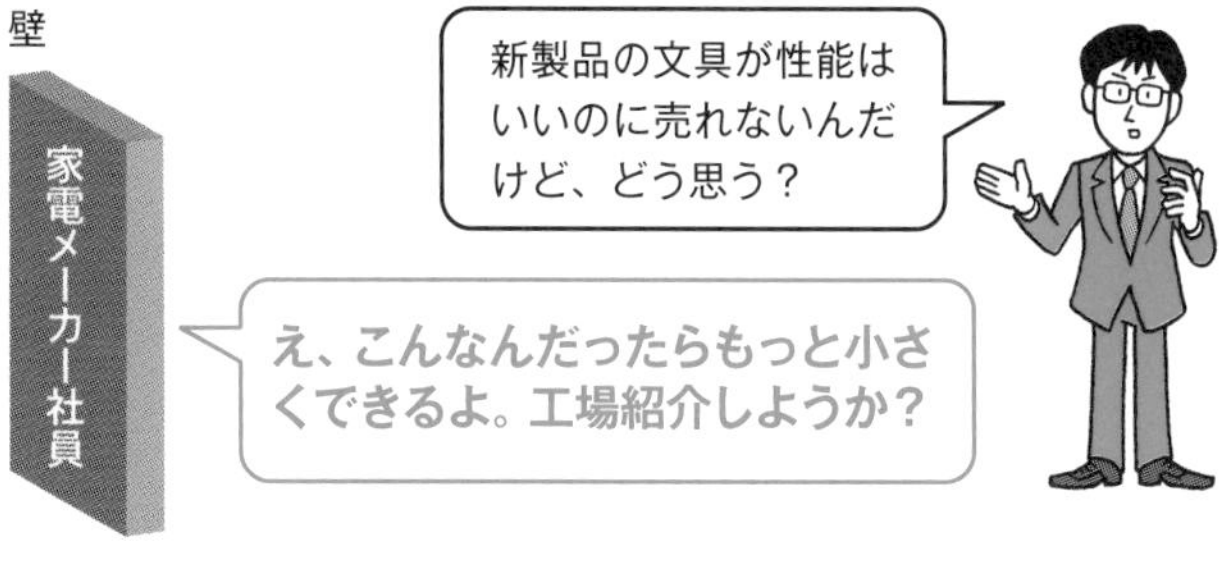
壁
家電メーカー社員
新製品の文具が性能はいいのに売れないんだけど、どう思う？
え、こんなんだったらもっと小さくできるよ。工場紹介しようか？

困った！
に答える
06

Q 男性の部下を束ねていくのが心配です

部署で初めての女性リーダーになりました。前任のリーダーは、「私についてきなさい」的なタイプの人。とてもじゃないけど、真似できそうにありません。

A 感情よりも論理を重視したコミュニケーションを心がける

女性のリーダーには、まず自分の強みを生かしてほしいと思います。「○○さんは、ちょっと元気がないかも」など、女性は他人の感情に対して敏感に気づく能力を持っている傾向があります。そのため男性のリーダーよりも、細やかな気配りは得意な方が多いのではないでしょうか。

「男性に負けたくない」などと考えて、男性メンバーにプレッシャーを与えるのは逆効果です。肩に力を入れず、上手に褒めて伸ばす方が、結局うまくいくのではないかと思います。

あえて注意点を言うとすれば、自分が考えたり判断するときに「何だか気がすすまない」「面白そうだからやる」などと感情を前面に出すことを控えるということでしょう。

男性のメンバーに仕事を任せたりするときには、論理的に説明をする工夫が大切です。「なんとなくいいと思うからやってみてください」ではなく、「○○という目的があるので、そのために○○の仕事をお任せしたいと思います」のように、明確に根拠を示して話す習慣をつけましょう。

男性の中には、女性は感情的であるという偏見を持つ人もいます。感情的に発言しているのではないというスタンスをあえて示すことで、男性メンバーも安心することが多いようです。

Leader's Checklist 01

		YES	NO
1	ピンチのときに冷静に仕切る ことができるか	✓	✓
2	ゲーム感覚で難題をクリアして いるか	✓	✓
3	壁にぶつかったときに ポジティブにとらえているか	✓	✓
4	苦しいときにチームを一枚岩に できるか	✓	✓
5	メンバー個別の価値観を 理解しているか	✓	✓
6	追い詰められたとき原点に 立ち戻っているか	✓	✓
7	外部の人に問題への 客観的な意見をもらっているか	✓	✓

YES〔1〜3〕 もう一度本章を読み直そう

YES〔4〜6〕 苦手な箇所をおさらいしてみよう

YES〔7〕 さらにレベルアップを目指そう

Part 2

方向性をキッチリ示す！

01

リーダーの示す方向性をみんなが見ている

職場のメンバーは、よく会社や自分の将来について迷ってリーダーに尋ねます。

「この会社はどの方向を目指しているのですか？」

「5年後のキャリアプランが見えないのですが」

といった内容です。一部のメンバーは自分で目標を定めながら行動できますが、大抵のメンバーはそれができません。リーダーが具体的な目標を掲げてあげないと、迷ったり戸惑ったりしてしまいます。例えば仮に、

「当社は3年後に売り上げ2倍と株式公開を目指す」

と指針が示されても、「じゃ、自分はこうしよう」と個人的な方針が決められないのです。また、個人が「とりあえず目の前の仕事をしよう」「今月の売り上げトップを達成すればいい」などとバラバラな目標を定めることで、チームとしての成果が上がらなくなる可能性もあります。

このような状況に陥らないためにも、メンバーが理解できる身近なレベルで「こういう戦略をとることにするよ」と方向性を示し、みんなの迷いを解消してあげることが大切です。

具体的な目標を掲げ、チームを誘導する

リーダーの示す方向性をみんなが見ている状態

３年後に売り上げ２倍と株式公開を目指す。そのためにこういう戦略をとるぞ！

目の前の仕事に追われてちゃダメだな…
目の前のお客様だけではなく、市場全体のお客様に満足してほしい
今月の売り上げトップより、長期的に成長するには…

02

リーダー失格のNGワード

リーダーは、職場で起こった出来事は何ごとも自分の言葉で語れるようになりましょう。決して「人ごと」「伝言だけ」の存在になってはいけません。特に、その語るテーマがメンバーにとって理不尽なことであればなおさらです。

例えばあなたの会社で自分の部門が縮小され、隣の部門と統合されることになったとします。そして課長から話を聞いたメンバーが「どういうことですか？」と不満をリーダーのあなたにぶつけてきたとしましょう。

「会社の方針なのだから仕方ないことですよ」

こんな言葉を言ったら、あなたはリーダーとして失格です。これほどメンバーのやる気を下げる言葉はありません。ただ、仕事をしていれば、会社の方針であれこれと理不尽な方針が現場に「指示される」ことがあります。

「売り上げ目標を上げることになった」

「急に事業から撤退することになった」

こういったときに「なんで？」という疑問や不満を、最前線でメンバーと共有すべき存在がリーダーです。ではどうするか、次頁で考えましょう。

リーダーは「人ごと」の存在になってはいけない

「会社の上層部は
何もわかってないんだ」
「私は最善を
尽くした」
「決まったことに
うだうだ言っても
しょうがない」
「会社の方針
だから仕方
ないな」
リーダー
失格！
「まったく、
やってらん
ないよ」
「もう決定事
項だから。
以上！」
（説明を求められて）
「部長が言うには
○○○○ってことだ。
俺に聞くなよ」

03

上司にもメンバーにも、自分の言葉で話す

リーダーもメンバーと同じように、経営の方針であれば聞く立場にあるにすぎません。ときには不満や納得できないこともあることでしょう。しかし、もしもリーダーが会社の方針に関して何かを「語る」機会があるならば、

①事実を受け止める度量を持つ
②疑問に感じたことは隠さない
③前向きに転換して伝える

この3つを大事にして、自分の言葉で誠実に語ることです。例えば、

「会社の方針が大きく変わりました。そのことに疑問を感じた点はありましたが、改めて考えてみるとこれはチャンスではないかと思います。お互いにとって新しいことにチャレンジできるのだから頑張ってみませんか？」

と部下に対して自分の言葉で語れば、耳を傾けてくれるでしょう。それに対してメンバーからの反論や意見があればしっかりと受け止めて、納得のいくまで説得をすることが求められます。その上で、メンバーの声は自分の言葉で上司に報告するように心がけたいものです。

「自分の言葉」で語るコツ

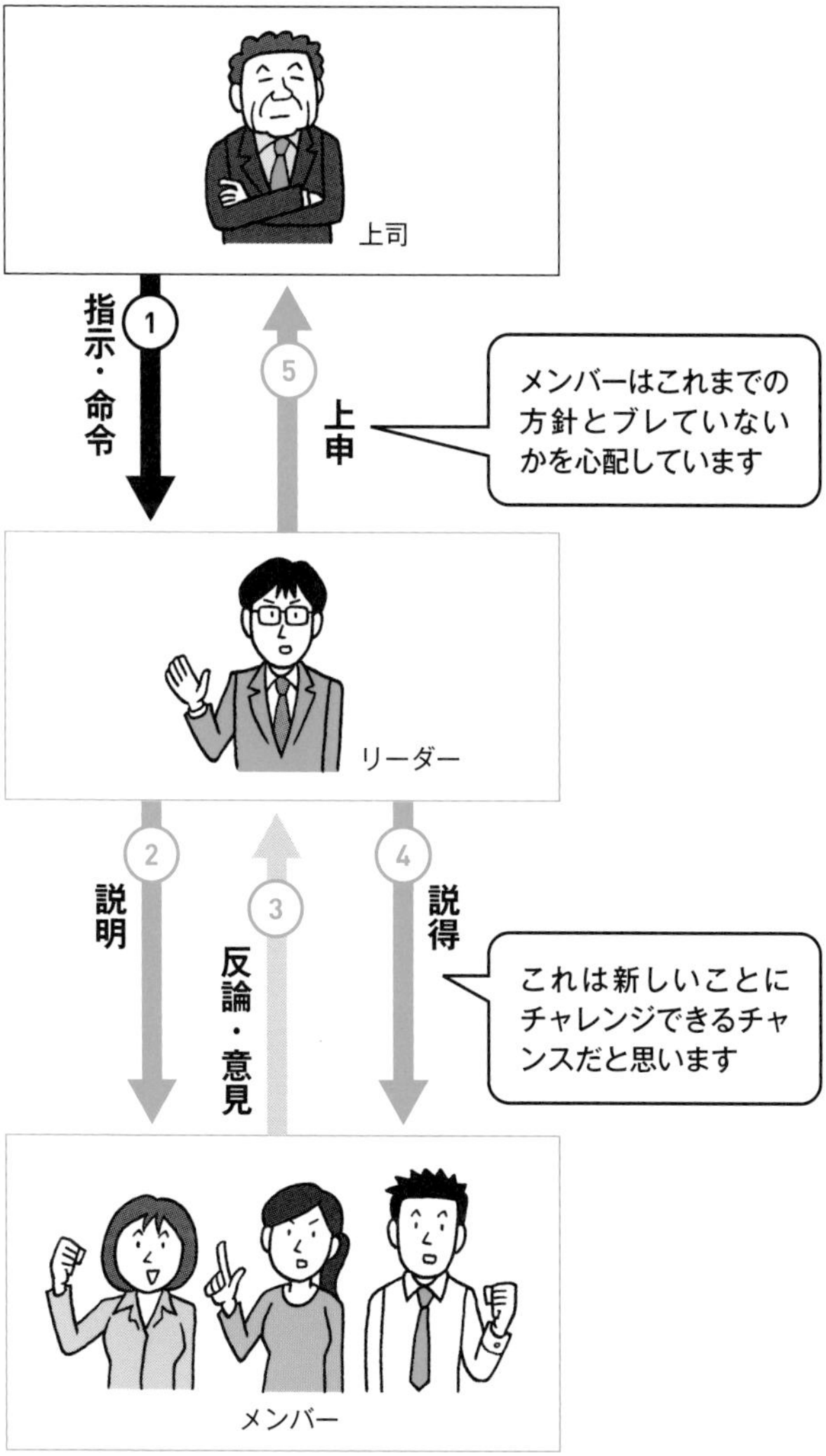
上司
1 指示・命令
5 上申
メンバーはこれまでの方針とブレていないかを心配しています
リーダー
2 説明
3 反論・意見
4 説得
これは新しいことにチャレンジできるチャンスだと思います
メンバー

04

自分の言ったことをコロコロ変えない！　忘れない！

リーダーは発言に「ブレ」があってはいけません。一度口にした方針は一貫していてほしいものです。

●相手によって発言がすぐ変わる
●昨日と言っていることが変わる

こんなことがあったら信頼は台無しです。メンバーの「言っていることが変わるから、どうしたらいいかわからない」という不安が、「どうせ言うことが当てにならないのだから、話を聞く必要はない」というあきらめに変わり、やる気を失うのは時間の問題です。

メンバーは思いのほか、リーダーの発言を覚えているのです。まずは自分の発言に責任を持つためにも、「自分の言ったことを忘れない」ようにしてください。そして発言がどのように「伝わっているか」をきちんと把握してください。

「自分はそんな意図で話した覚えはない」

といった言い訳は、政治の世界でも耳にする話ですが、結局は相手に誤解されて伝わるような「言い方」に問題があると思った方がいいでしょう。

発言に一貫性がないリーダーはダメ

上司やメンバー、取引先など、相手によって発言が変わる

時間が経つにつれ、言うことがどんどん変わる

※自分では無自覚なケースも多い

明確なビジョンがなく、話に一貫性がない

メンバーは方向性を見失う

言っていることがコロコロ変わるから、結局どこを目指せばいいのかわからない

信頼関係が崩れる

リーダーの言うことは当てにならない。話を聞かなくても同じだな

モチベーションの低下

せっかく前に言ったことをもとに進めていたのに……。もうやる気なくなった

05

自分の発言をメモにとっておく

自分の発言がブレないよう、あるいは誤解される発言をしないように覚えておくコツを一つ紹介しましょう。それは「メモをとる」ことです。

「メモをとる」ことは、聞いたことを忘れずに書き留めておくだけの行為と思われがちですが、自らの発言に関しても忘れないように書き留めておくのをおすすめします。

リーダーは、様々な状況で発言する機会があります。アドリブで何かを語らないといけない場合もたくさんあります。その際に**一番気をつけないといけないのが、価値観や判断基準がブレる発言をしないようにすることです。**仮にあなたが何かの機会に、「会社は売り上げが一番大事」「会社はお客様の満足が一番大事」と、相反する2つの発言をしたとします。聞いていたメンバーは、あなたの考えが「ブレている」と感じ、あなたに不信感を覚えることでしょう。リーダーの発言は周囲に影響を与えると肝に銘じ、発言した内容を一日の最後に思い返すなどして、記憶に定着させましょう。

ときには、過去と違った価値観や判断基準に基づいた発言をせざるを得ないこともあるでしょう。そんな際には率直に「以前とは考え方が変わったのですが」と切り出せばいいのです。

ブレのないリーダーになろう

発言がブレないためには？

1 自分が言ったことを忘れない

2 自分なりの価値観・判断基準をしっかり持つ

Point

- **なんのために仕事をしているのか**
- **仕事をする上で、何を最優先にするか**
- **チームのビジョン**

といったことを、しっかりと考えておく

自分の発言を忘れないコツは…

1 メモをとる

2 一日の最後に思い返す

06

メンバーにビジョンを見せる効果

リーダーは職場のメンバーを牽引することを期待されています。チームとして一体感を持って仕事に向かうために、言葉を尽くして説得しながら、「目指す方向」を同じにする役割を担っているというわけです。

けれども、職場で一体感を持つのは意外と難しいことです。職場のメンバーも、「本当は」価値観の違う人ばかりです。学生時代のクラブやサークルのように「思いを一つに」とはいかないものです。日頃は目先の仕事に追われている同士ですし、プライベートなことまで掘り下げていけば、働く価値観の大きく違う人もたくさんいるでしょう。

ただ、メンバー全員ですべての価値観を一つにしなければならないわけではありません。**リーダーがメンバーを束ねるときに大切なのは、仕事を通じて成果を導き出すために必要な「方向性＝ビジョン」。**つまり、一つのビジョンのもとにバラバラな力を結集するということです。

目指すべき方向性の部分で一体感が出ればいいので、プライベートなことに関する価値観はバラバラであっても問題ありません。

ビジョンでチームを一つに！

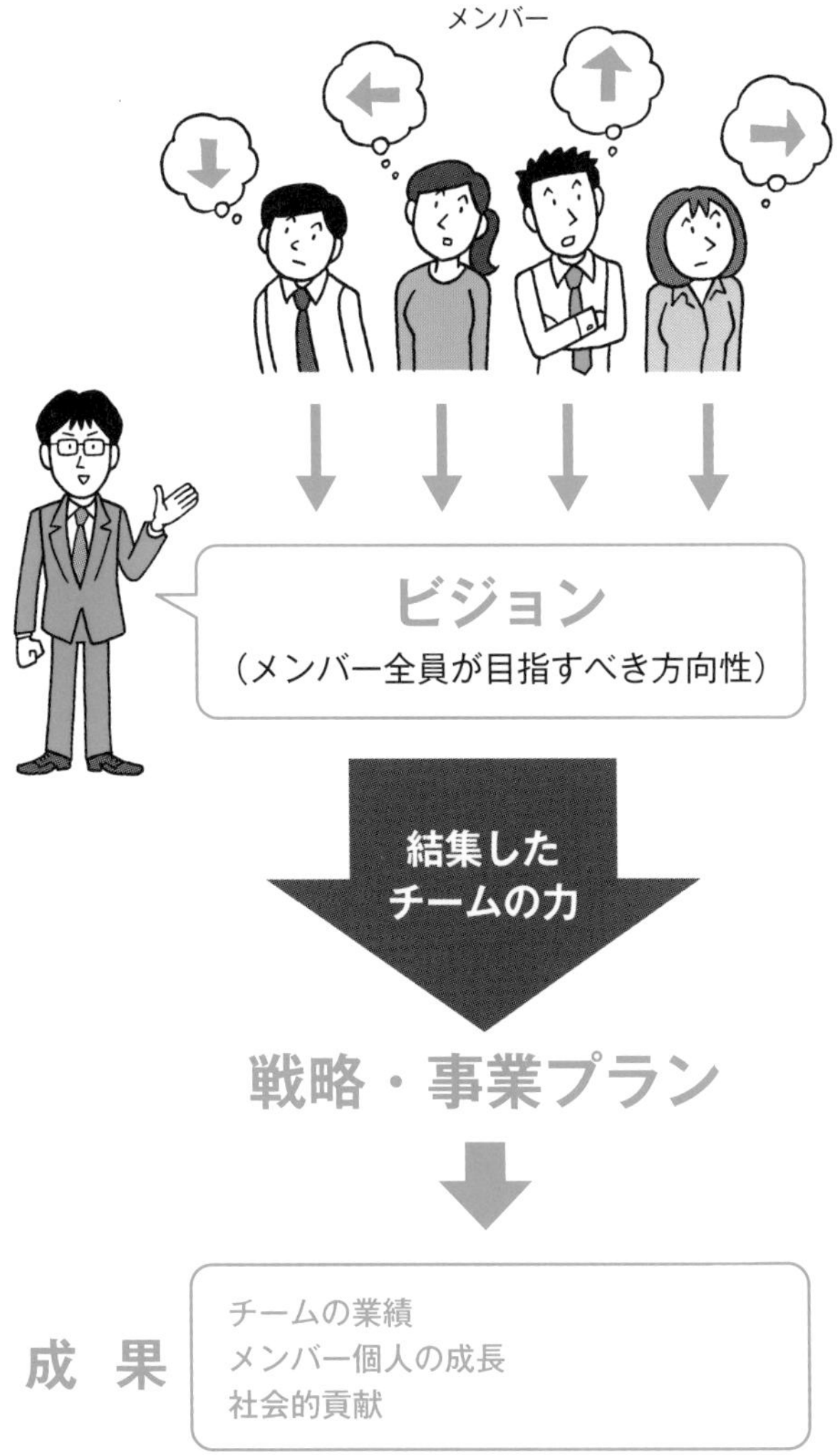
メンバー
ビジョン
（メンバー全員が目指すべき方向性）
結集したチームの力
戦略・事業プラン
成果
チームの業績
メンバー個人の成長
社会的貢献

07

繰り返さないとビジョンは伝わらない

リーダーはビジョンを繰り返し語ることで、メンバーが理解して実行するところまで持っていきます。そのためには、チームのビジョンは「業績」だけでなく、

●メンバー個別の成長

●社会への貢献

などが感じられる言葉に落とし込まれていることが大切です。

「今年の目標はチームで売り上げ年間1億円」というよりも、「今年は個人の提案力を上げてお客様との信頼関係を高めることが大事。それができれば結果はついてくる。売り上げで1億円を目指しましょう」

と語られた方が、やる気も高まって一体感も出ることでしょう。

さらに大切なのは、リーダーがこのビジョンを繰り返すことです。自分でも飽きるくらいに繰り返してください。可能であればカードにしてメンバーに渡す、メールのテンプレートに入れるくらいの「しつこさ」があってもいいのではないでしょうか?

ビジョンとは、伝える方が「もういいだろう」と思うくらいに繰り返して、「やっと」メンバーの頭に、「少しだけ」すり込まれるものです。

よいビジョンを繰り返して伝える

チームの業績

「売り上げ、シェア」「新製品開発」「顧客満足度の向上」など、チームとして目指すべき業績

メンバー個別の成長・目標

「提案力を上げて顧客の信頼を得る」など、個人の成長や夢につながっている目標

社会への貢献

「自社製品で世界の暮らしを便利に」など、自分たちだけのメリットではなく、社会への貢献という視点

＋

実現性

いくら高い志を持っていても、実現不可能では意味がない。現場・現実の状況をきちんと踏まえてビジョンを示すこと

困った！
に答える
07

Q

メンバーとお酒を飲んだりした方がいいのでしょうか？

もともと職場の人と飲みに行ったりするのが好きではなかったのですが、リーダーになったからには、ちょくちょくメンバーを誘った方がいいのかな、と考えたり……。本当のところどうなんでしょう。

忙しい職場の中で、3か月以上も事務的な会話しかしていない……。こんなケースでは成果は上がりにくい。お互いの近況を知るための場を設けることが大事だとは思います。

ただ、無理して「今夜こそメンバーを飲みに誘わなければ」などと考えると大変ですし、誘いやすいメンバーに偏ってしまうと「あの人たちはつるんでいる」と他のメンバーからあらぬ疑いをかけられかねません。

それならば、研修が終わったあととか、大きな仕事が終わったあとに「打ち上げ」を企画してはいかがでしょうか。みんなが集まる場をつくって、席を交替しながらいろんなメンバーと話をするのは有意義な時間だと思います。

それでも「飲みに行くのはちょっと……」というのであれば、例えば、メンバー全員と個別にランチに行くという方法もあります。**特定のメンバーに偏ることなく、「みなさんとお話しをしたいので、これから一人ひとりの方とランチしたいのですがいかがでしょうか?」と持ちかければ、きっとメンバーも気持ちよく受け入れてくれるはずです。**

メンバーから「飲みに行きましょう」と誘われたら? せっかく誘われているんですから、断る必要はないと思いますよ。お酒が苦手な人でも「顔を出すことが大切」と割り切ってみてはどうでしょう。

A ランチでもいいので、メンバーと話す機会を設けよう

Leader's Checklist 02

		YES	NO
1	具体的な目標を掲げてメンバーを誘導しているか		
2	職場の出来事を「自分ごと」として話しているか		
3	上司にもメンバーにも自分の言葉で話しているか		
4	自分の過去の発言を忘れないようにしているか		
5	自分の発言をメモに残しているか		
6	メンバーに対してビジョンをきちんと見せているか		
7	メンバーに対してビジョンを繰り返し伝えているか		

YES〔1～3〕 もう一度本章を読み直そう

YES〔4～6〕 苦手な箇所をおさらいしてみよう

YES〔7〕 さらにレベルアップを目指そう

Part 3

「ついていきたい」と思わせるコツ

01

メリットを示せばメンバーはついてくる

チームを統率し、力強く引っ張ることがリーダーの役割です。ただし、現代の社会では、ただ黙ってついてくるような奇特なメンバーはいません。

●ついていくとトクをする
●ついていくとソンしない

と思える指針を示さなければ、牽引力は発揮できません。

例えば「この人についていくと人脈が得られる」「この人と一緒に仕事をすると自分も成長できる」といったメリットが必要なのです。

無理矢理メンバーを引っ張っていこうとするリーダーの発言は、

「発言に影響力はあるけれど、社長に嫌われているから」
「本当に実行できるとは思えないな」

と疑いの目で見られているものです。かといって、そこでさらに力強く拳を振り上げてもダメです。大切なのはついていきたくなる「説得力」と、そこに「根拠」があることです。

リーダーが統率するためには、「実績がある」「公平に評価してくれる」といった裏づけが常に必要なのです。

こんなメリットを示せばメンバーはついてくる

明確なビジョン

自分が向かうべき方向性を指し示してくれる

自分が成長できる

一緒に仕事をすることで多くのことが学べ、成長できる

人脈を得られる

リーダーの持っている人脈を利用することができる

いざというとき頼りになる

困ったときに守ってもらえると、思い切って仕事ができる

一緒に仕事していて楽しい

楽しく仕事ができると、結果的に成果にもつながる

高いモチベーション

モチベーションの高い人と一緒だと、自分もやる気が出る

牽引力を支えるのは「メンバーからの評価」

02

自分の手の内を隠さずに見せる

リーダーが自らの行動でチームを引っ張る際に大切なのは、メンバーに手の内を明かしながら仕事を実行することです。**先輩として経験を積んで覚えた仕事のやり方を開示することこそが、メンバーにとってかけがえのない手本となります。**

若いメンバーは、先輩であるリーダーがテキパキとこなす仕事ぶりを見て、「さすが」「すごい」と思いますが、どうしたら自分にもできるかは見えてこないものです。私も新入社員時代には、なかなか先輩に質問ができず、

「何を聞いたらいいかわからない」

という状態でした。電話のかけ方から見積書の書き方まで研修では習ったものの、実践となるとわからないことだらけです。おまけに先輩はみんな、忙しそうなので、質問がしにくい雰囲気があります。

メンバーはリーダーや先輩に対し、「聞けない」「聞いてはいけないかも……」と思ってしまいがちです。ですから自ら、

「この作業を効率的にする方法をやってみるので、見ていてください」

などと手の内を見せることで、メンバーは他のことも聞けるチャンスができます。

頼られやすいリーダーになるには

1 質問しやすい雰囲気をつくる

常に忙しそうにしていたり、
イライラしたりしている姿を見せない

2 自分から声をかける

世間話などをすれば、
メンバーから質問をもちかける
チャンスができる

3 親近感を感じるジェスチャー

「うなずく」「身を乗り出す」などで、
相手は話しやすくなる

4 話しやすい会話

「私も昔はできなかったんですよ（共感）」や
「それは上出来ですね（承認）」といった
コメントを挟む

5 こちらから質問する

会話内容に合わせて適切な質問を投げかければ、
話がスムーズに進む

03

「手取り足取り」がメンバーをダメにする

リーダーがメンバーの育成で担うべき役割は、結果を出させてあげることではありません。試行錯誤しているときに正しい方向に導いてあげる「きっかけ」をつくることが大切です。

逆に言えば、**手取り足取りの過保護なサポートをするのは避けた方がいいでしょう。**それではメンバーが、成功体験を実感できません。「なぜそうするのか」が理解できず、一度やったことでも忘れてしまい、応用が利かなくなります。

大切なのは、重要なポイントだけを解説し、あとは自分で考えさせることです。手取り足取り教えるのではなく、実際にメンバーの前で自分が仕事をしている姿を見せることによって、手本を示すとよいでしょう。

あとはとにかく自分でやらせることです。もちろん、最初はうまくいかないことがたくさんあるでしょう。しかし、いったんそのメンバーに自分でやらせておきながら、途中であきらめて全面的に介入するなどという方法はよくありません。

手を貸しすぎないよう心がけながら、要所要所で必要最小限のサポートをする程度のフォローは忘れないようにしてください。そうすれば、メンバーが一度覚えた仕事は忘れないようになり、覚えたスキルを応用するようにもなるのです。

自分の頭と体で考えさせる

第1段階

仕事内容を説明

「どんな仕事なのか」「なぜそれが必要なのか」を説明

↓

第2段階

手本を見せる

実際に仕事をしている姿を見せる

↓

第3段階

自分でやらせる

最初はうまくいかなくても、まず自分で考えて行動させる

↓

第4段階

仕事をサポートする

手を貸しすぎないよう要所要所で必要最小限にサポート

04

なぜメンバーの決意が折れてしまうのか？

人は仕事でやるべきことを「決意」しても簡単に揺らぎます。そうです、本当に「あっさり」と断念したり、中止したりします。

「決めた目標は絶対にやり抜きます」

などと熱い決意でスタートした取り組みでも、折れて「言い訳」ばかり言い出すのです。意志の固い人からすれば「無責任」に見えるでしょうが、比率で言えば「折れる派」の方が多いのです。ちなみに「折れる派」の人の決意の行方は意外なほどに周囲はお見通しで、「やっぱりあの人はできなかった」と冷たい視線を送っています。そんなお見通しの決意をしてしまうメンバーが多いのはなぜでしょうか？

簡単に「折れる」のは、

●深く考えない決意だった

●逆境に弱い、経験が浅い

からです。要は覚悟が弱いのです。しかしそこで、

「一度言ったことを撤回するようなマネはやめてほしい」

などと厳しく接すると、メンバーはかえって萎縮してしまいます。

リーダーは「折れた人」に正しく接する

Case 1

自信がなく、「失敗するかも」「目標に到達できないかも」と不安になる

「あなたならできます」
と期待をかける

Case 2

目標達成することのメリットを感じられなくなる(忘れてしまう)

「やり切れば、
みんなの見る目が変わります」
とメリットを示す

Case 3

最初から深く考えておらず、気軽に決意を口にしていただけ

「何ができるかを
考えてみましょう」
と自覚を促す

05

折れた人を復活させる方法

決意が折れてしまったメンバーに対して、リーダーは叱責するのではなく、別の方法で励まさなければなりません。具体的には、

①ゴールにニンジンをつるす

「やり切れば周りの見方が変わりますよ」「きっといい評価につながるはずです」

②プライドが生まれるように期待をかける

「あなたならやれると確信しています」「みんな頼りにしていますよ」

と、メンバーの側に立った応援団のスタンスで声をかけましょう。どうしても叱る必要性を感じたときは、以下のポイントに注意してください。

①結果だけを見て叱らない
②個人的な感情を交えない
③大きな声で怒鳴らない
④できるだけ人前では叱らない
⑤最後は「期待している」で締める

リーダーは、メンバーの身近な伴走者のように振る舞い、その気にさせるのです。

折れた人を復活させる叱り方

結果だけを見て叱らない	頭ごなしはダメ。冷静に原因を分析し、次の行動の仕方を説明する
個人的な感情を交えない	感情を排除し、同じ失敗を繰り返さないよう指導する意識を持つ
大きな声で怒鳴らない	メンバーを萎縮させるだけで、指導という点からすれば逆効果に
できるだけ人前では叱らない	やる気が低下したり、「恥をかかされた」と逆ギレされたりすることも
最後は「期待している」で締める	「あなたに期待しているから本気で叱ったのです」など、フォローする

06

「自分がやらねば」と思わせる

自分の意思に反して一方的に振られる「やらされ感」のある仕事は、誰でも嫌なものです。けれども職場で与えられる大抵の仕事には、程度の差こそありますが、その「やらされ感」があるものです。その理由とは何でしょうか？　それは、明確な役割や期待値が感じられないまま、上司から一方的に指示されるためです。

「とにかく明日までに企画書にまとめるように」

いきなりこんなふうに言われて、「よしやるぞ」と意気に感じるお人よしなんて、そうそういません。

あなたがリーダーであれば、チームメンバーを巻き込んで仕事をすることは頻繁にあるでしょうが、メンバーたちをやらされ感のある状態に陥らせてはいないでしょうか？　一方的に伝えたままでは、メンバーは「リーダーがなんとかするだろう」「うまくいかなくても自分には関係ない」と考えるだけです。

やらされ感のないように仕事に巻き込むコツは、メンバーに当事者意識を持たせることです。つまり「やらされている」ではなく、「この仕事は自分がやらねば」と思わせるお膳立てをするのです。

当事者意識のあるメンバーとは？

このままだと目標に届かない。絶対になんとかしないと
会社にとって大きな損失が出るから、必ず成功させないと
来週までに仕上げないと、顧客に迷惑をかけてしまう
面倒だけど、自分がやるべき仕事だ

「この仕事は自分がやるべきもの」という責任感を持っている

07

やってほしいことを明確に伝えて、任せる

メンバーを巻き込むためにリーダーが行うべきことは、「やってほしいことを明確に伝えて、任せる」、これに尽きます。

曖昧なまま周囲を仕事に巻き込む人がいますが、これは望ましいやり方ではありません。

「ちょっと手伝ってくれる?」などと、はじめは軽い形で仕事に関わらせて既成事実をつくり、「このまま頼む」となだれ込むやり方です。

私も職場の先輩に、なし崩し的に1年以上もあるプロジェクトに参加させられた経験があります。いつ足抜けしようか考えていましたが、結局タイミングを逸し、最後までおつき合いする羽目になりました。

こういうまずいことにならないように、メンバーにはっきりと役割を伝えて、さらに任せるスタンスを繰り返し伝えましょう。リーダーが「任せる」と発言することは、

「頑張って成功したらあなたの成果。失敗したら責任は取るから」

と言っているのと同じです。そして何回も「任せる」と繰り返すことで、メンバーの当事者意識も高まることは間違いないでしょう。「任せてくれるのは自分を信頼していることの証」と感じ、お互いの信頼関係につながるはずです。

上手なメンバーの巻き込み方

1. プロジェクトの目的やビジョンをはっきりと伝える
2. プロジェクトが業界や社内でどのような意味を持つのかを説明
3. プロジェクトの中で、そのメンバーが果たすべき役割を示す
4. 一定範囲の権限と責任を持たせる
5. 仕事の成功が、メンバー個人にとってもプラスになることを伝える

自分から仕事に意欲が持てるように誘導

困った！
に答える
08

Q

毎日、上司とメンバーとの板挟み。胃が痛くてたまりません

上司は無茶な方針を一方的に押しつけるし、メンバーも勝手なことを言いたい放題。間に立つ私の身にもなってほしい。よい対処法はないでしょうか。

　上司が言っていることが無茶苦茶で、メンバーに伝えるのも難しい。本当によくある悩みですね。

　大事なのは、とにかく事実を隠さないことです。極端な話かもしれませんが、例えば上司から「会社が倒産する」と言われたときには、あなたがどう頑張っても倒産は避けられませんよね。にもかかわらず「そのうちわかるから……」などとメンバーに事実を隠すのが一番よくないのです。

　メンバーだって、会社の方針に対してあなたの意見がどれだけ通用するのかを正確に把握しているものです。自分を大きく見せようなどと考え、嘘をついて「私がなんとかします」と言っても確実にバレます。

　メンバーが知りたいのは「自分がどうすればいいか」ということなので、まずはそのことを伝えてください。

　当然、意見をぶつけたいメンバーも出てくることでしょう。その意見にはきちんと耳を傾けてあげてください。その上で、「その気持ちはよくわかります。私があなたの立場なら、そう言うでしょう。どうしても納得できないのであれば、その意見を上に伝えることもできるし、あなたが直接言いたいなら、そういう場をつくることもできますが、どうしますか？」とメンバーに発言の機会を振ってみると、それ以上、メンバーの不満がエスカレートすることはありません。

A　メンバーに事実を隠さずに伝え、「どうすればいいか」をはっきりと示すこと

Leader's Checklist 03

		YES	NO
1	自分についてくるとトクをする というメリットを示しているか	✓	✓
2	自分の手の内を見せながら 教えているか	✓	✓
3	メンバーには自分の頭で 考えさせているか	✓	✓
4	挫折した人を責めないように しているか	✓	✓
5	挫折した人が立ち直れるように 励ましているか	✓	✓
6	メンバーに当事者意識を 持たせるようにしているか	✓	✓
7	メンバーに役割をはっきり伝えて 任せているか	✓	✓

YES〔1〜3〕 もう一度本章を読み直そう

YES〔4〜6〕 苦手な箇所をおさらいしてみよう

YES〔7〕 さらにレベルアップを目指そう

Part 4

社内&社外からメンバーを守る!

01

守ってくれるリーダーはこんなことをする

「この人は自分が困ったときに周囲から守ってくれる」と思える先輩が職場にいますか？　なかなかいませんよね。

「あの人はいつも上の顔色ばかりうかがっている」と陰口を叩かれたり、メンバーが困った状態なのに「知らん顔」をしていたり……そんな態度では、メンバーの信頼を得ることはできません。

困ったときに温かい気持ちで、

●フォローしてもらえる

●サポートしてもらえる

ことをメンバーは望んでいます。

あなたがリーダーなら、メンバーがピンチに陥ったとき、力になる存在になりましょう。

例えば、メンバーが提案したプランが上司に否定されたとします。そのプランが本当によいものであれば、「責任は私が取るのでチャレンジさせてください」と説得を繰り返して実現するようにサポートする。

それがリーダーに求められる包容力であり、包容力を持っているリーダーに、メンバーは全幅の信頼を寄せるようになるのです。

メンバーの力になる言動の例

メンバーがプランを提案

メンバーが、新商品のキャンペーンにタレントを使わず、そのぶん価格設定を下げるプランを起案

↓

上司がボツにする

上司は「前例がない。価格が上がってもいいから、タレントを使ってキャンペーンを張るように！」と猛反対。低価格プランはボツに

↓

上司にかけあう

リーダーが上司に対し再度起案。「メンバーのプランを実行したい。責任は私が取ります」と説得する

↓

上司を説得

反対していた上司も、リーダーの粘り強い説得に折れ、低価格プランが通る

↓

メンバーを成功に導く

発売したところ、低価格プランは大成功し、ヒット商品になる。起案者であるメンバーは高い評価を得る

↓

メンバーがリーダーを信頼

リーダーに対するメンバーの信頼感が高まる

02

メンバーのピンチに気づく4つのポイント

リーダーは、周囲に気配りができる人でなければなりません。気配りとは人に対して細やかな配慮ができることを意味します。例えば、和室で足をもぞもぞしている人がいれば「足を崩していいですよ」と声をかける優しさも気配りです。

ビジネスであれば、

- **会食でお客様の嗜好を事前に調べて店を選ぶ**
- **お客様の望む情報を察知して入手する**
- **世間話でお客様の関心事を話題の中心にする**

など、相手の好みに合わせて行動することが気配りの基本となります。

こうした外部のお客様との関係だけでなく、リーダーはメンバーへの気配りも忘れないようにしたいものです。

仕事がピンチに陥っていないか、体調は大丈夫かなど、各メンバーを細やかに観察して声がけをしましょう。こうしてリーダーから気配りを受ければ、メンバーも、「自分のことを気にかけてくれるのは嬉しい」「自分はリーダーからちゃんと評価されているんだな」と感じ、仕事に対するモチベーションも上がることでしょう。

気配りできる人になるには？

まずはこの4つを意識しよう

「いつもと違う状態」がないか観察する

朝の挨拶や世間話など、こまめに声をかける

話しかけやすい雰囲気をつくる工夫をする

気になることがあったら、第三者の意見を聞く

気配りは性格ではなく技術。
意識的に「気配りしよう」と考える必要がある

03

4つのステップでメンバーをサポート

メンバーに対する気配りの基本は、「無理しないで」と仕事にブレーキをかけることです。仮に普段はハードな仕事をしている職場でも、「体調が悪そうだから帰ってください。代わりにやっておきますから」「明日から家族と旅行じゃないですか。いいから帰ってください」と、いざというタイミングを見逃さずに「無理をさせない」、あるいは「代わりにサポート」するスタンスを示すことが最高の気配りではないでしょうか？

また、**メンバーにとって嬉しい気配りとは、無理せざるを得ないピンチに「ドンピシャ」のタイミングで手を差し伸べてくれるような気配りです。**例えば、

- **体調が優れないとき**
- **オーバーワークのとき**
- **意固地になっているとき**

を見逃さずに、「無理しないで」と声をかけてもらえれば、メンバーの士気は大幅にアップすることでしょう。とくに、自己主張が不得手で、自分の殻にこもるメンバーに対してこそ、気配りは意識しておきたいものです。

メンバーの抱える問題はこうしてサポート！

Step 1

仮説の構築

○○さんは仕事の抱えすぎで、
このままでは納期に間に合わないのでは？

Step 2

仮説の検証

「仕事を抱えすぎていませんか？
ちゃんと納期に間に合いますか？
厳しいなら遠慮なく言ってください」

Step 3

解決策の検討

どのくらいだったら
○○さんのキャパシティの範囲内か？
オーバーした分は誰にどう振り分けるか？

Step 4

解決策の実行

「じゃあこの仕事は私が手伝います。
その代わり、こっちは責任を持って
納期までに仕上げてください」

04

上に厳しく、下に優しくのスタンスで

上司に言いたいことをハッキリ言えることは、メンバーの信頼を高めます。「うちのリーダーは上司の顔色をうかがわずビシッと言えるから頼りになる」

こうした信頼はメンバーが困ったときに守ってくれると思えることから生まれるのです。確かに私が営業現場のリーダーであったときも「上に厳しく、下に優しい」振る舞いで信頼を勝ち得たような気がします。**メンバーは自分を守ってくれる人を信頼するのです。**

ここでメンバーが守られていると思えるリーダーの行動のコツを紹介しましょう。

●メンバーを守る気持ちを宣言する

●上司と対等の関係であることを示す

「会社に対して不満があれば我慢しないでください。私が代わりに言います」

「部長のことなら気にしなくてもいいです、責任は自分が取りますから」

など、本気の姿を伝えることが大切です。

人は伝えないことはわからないものです。いくら心に秘めていても言わなければ伝わらないものです。

上司の圧力からメンバーを守る

上司への対し方

メンバーから社内制度への不満が出たとき

このままだとメンバーに負担がかかります。なんとかなりませんか?

無茶なノルマが言い渡されたとき

現状では無理。「頑張ればできる」という発想は間違っています

メンバーへの対し方

会社に不信感を持つメンバーに

会社に不満があれば我慢しないで。私が代わりに言います

新たな挑戦を考えるメンバーに

勝算があるならやってみましょう。失敗したら責任は全部私が取ります

05

上司に媚びたら下からは信頼されない

上司と話すときは、媚びるような態度は慎むようにしましょう。メンバーはあなたの行動を思いのほかしっかりと見ています。仮にフロアで部長を見つけたとたん、メンバーとの打ち合わせを投げ出して、

「部長、先日はご馳走様でした。次回は私が店を取ります」

などと部長にすり寄る態度を示したら、リーダーの威厳は台無しです。

「うちのリーダーは会社の言いなり」

「経営の方針をただ伝言するだけの人」

だと誤解されます。上席の役職者なんて気にせずに、軽く挨拶するくらいでいいのです。

私はいい意味で、上司とメンバーに対して、接し方を変えることをおすすめします。

例えば、メンバーと接するときにはメンバーを立て、上司と2人になれば上司を立てる……。信頼関係を高めるために常に相手を立てるのです。ただし、「接し方」を変えても「考え方」の軸がブレてはいけません。大切なのは「メンバーを守る姿勢を最優先にすること」というのを忘れないようにしましょう。

リーダーは上司とどう接するか?

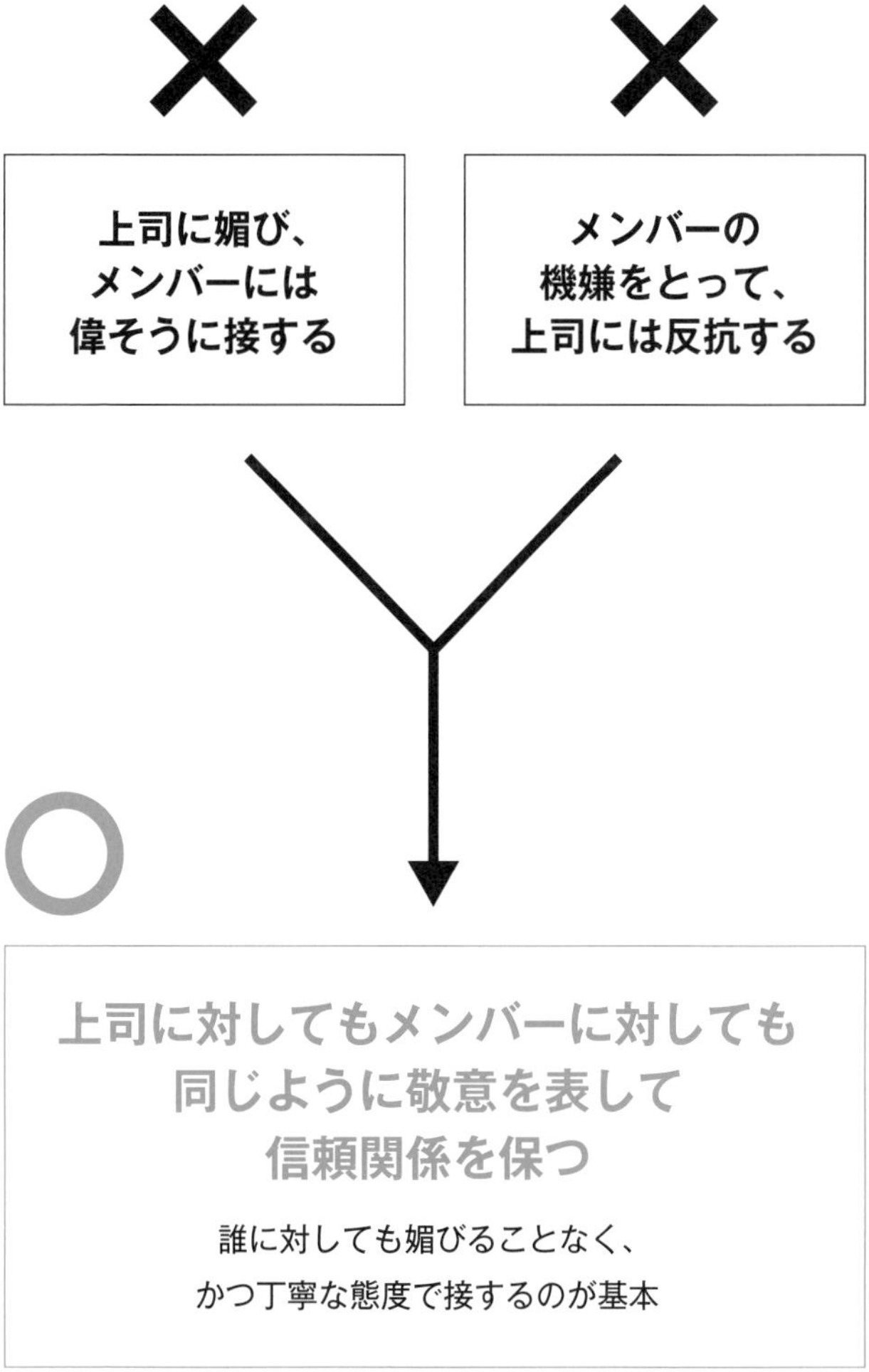
上司に媚び、
メンバーには
偉そうに接する
メンバーの
機嫌をとって、
上司には反抗する
上司に対してもメンバーに対しても
同じように敬意を表して
信頼関係を保つ
誰に対しても媚びることなく、
かつ丁寧な態度で接するのが基本

06

どんなメンバーにも愛情を持つ

不思議なもので、人は相手の態度や言動から「好いているか」「嫌っているか」がなんとなくでもわかるものです。恋愛中の人同士の関係も仕事のリーダーとメンバーの関係も同じです。ただし、仕事の場合はお互いが苦手、嫌いだと思っていても逃げることができません。

「あの人は嫌いだから割り切って関わろう」

と、接することでしょう。メンバーの立場ならそれも仕方ないで済みますが、リーダーの立場として、メンバーに対して苦手とか嫌いとか感じていいのでしょうか？

リーダーがメンバーに嫌な感情を持てば「当然」相手も気づきます。そうなれば、お互いの信頼関係は築けないでしょう。チームでの仕事がうまくいかないだけでなく、重大な問題を引き起こす要因にもなりかねません。

ですから、**リーダーは仕事で関わるすべてのメンバーに対して、愛情を持って面倒を見る努力をしなければならないのです。**

そもそも、すべてのメンバーに愛情を持てるものでしょうか？　私はできると思います。次項からのやり方を試してみてください。

すべてのメンバーに愛情を持つ!

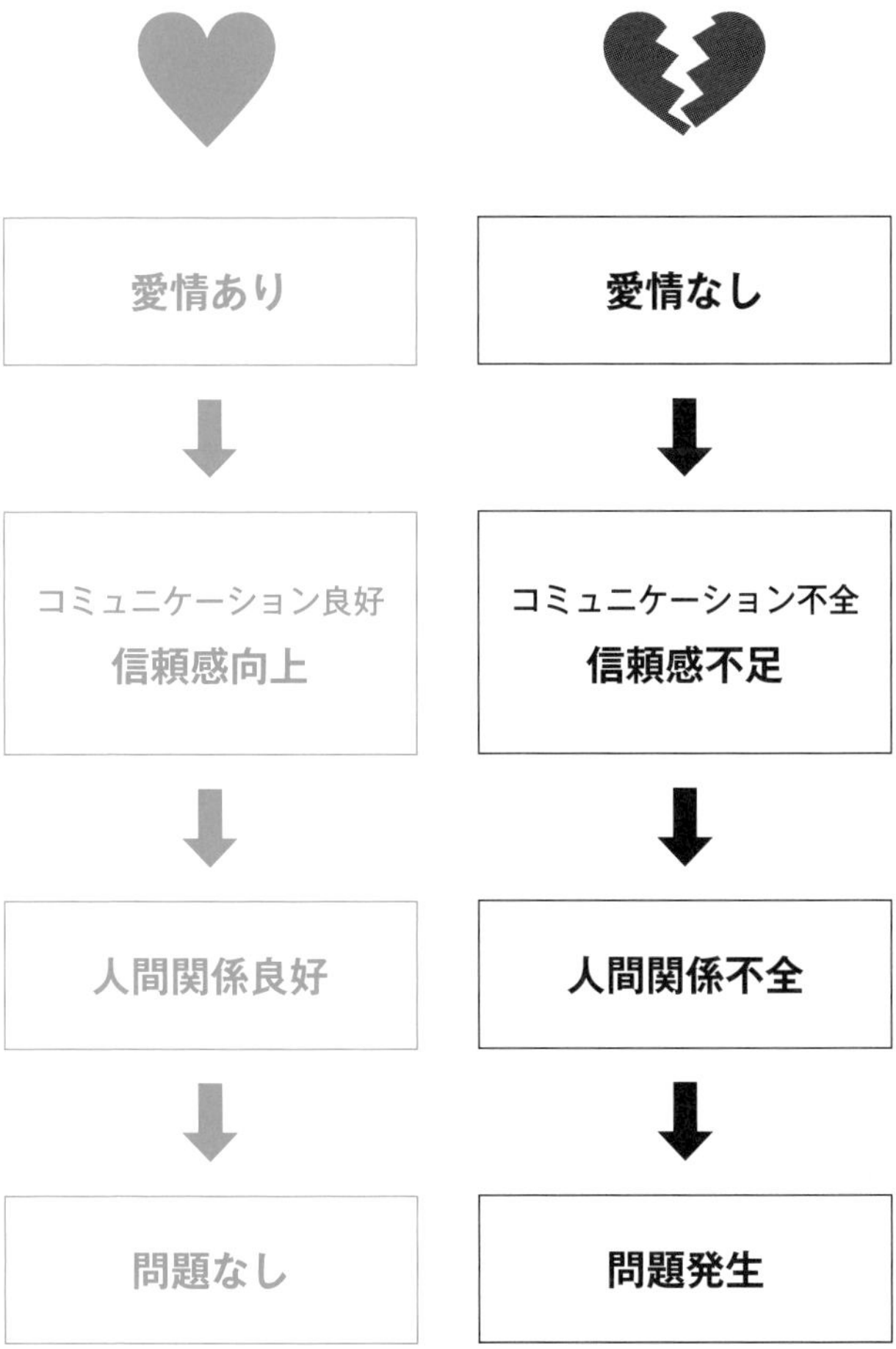
愛情あり
コミュニケーション良好
信頼感向上
人間関係良好
問題なし
愛情なし
コミュニケーション不全
信頼感不足
人間関係不全
問題発生

07

苦手なメンバーとつきあう3ステップ

あなたが関わるすべてのメンバーに対して苦手意識を持たずに面倒を見るために、次のようなアクションをとってみてください。

《ステップ1：メンバーの価値観を理解する》

メンバーによって働く動機は違います。「稼ぐ」「出世」「成長」など、個別の価値観を知っておけば、お互いの理解度が高まります。

《ステップ2：メンバーの行動を観察する》

仮に苦手なメンバーがいたとすれば、一度そのメンバーの行動を観察してみましょう。誤解していた部分、知らなかった部分が見え、多少は苦手な面が緩和されます。

《ステップ3：じっくりと話を聞く機会をつくる》

自分の話はせずに「ただ」メンバーの話を聞く機会をつくりましょう。**できれば一人につき1時間くらいかけて、日頃思っていることを聞き出してください。**

こうしたアクションをとるとメンバーへの関心が高まります。その上で「あなたも大切なメンバーの一人です」と愛情を示して面倒を見ると、相手に気持ちが伝わるはずです。大切なのは、メンバーを理解するための手間を惜しまないことではないでしょうか。

メンバー一人ひとりに関心を持つ

《ステップ 1》

メンバーの価値観を理解する

たとえ自分の価値観と違っても否定せずに受け入れることが大切

《ステップ 2》

メンバーの行動を観察する

第一印象だけで判断せず、本当はどういう人間なのかを冷静・公平な目で見極める

Before		After
なんか性格悪そうなイヤな感じのする人だなあ	→ 客観視	考え方は違うけど、一生懸命だし悪い人じゃないな

《ステップ 3》

じっくりと話を聞く機会をつくる

メンバーを理解するために、たとえ興味のない話でもじっくりと聞く時間を設ける

08

リーダーを経験すれば人生が変わる!

あらゆるビジネスパーソンにとって、リーダーの経験は、実に多くのことを学ばせてくれます。

メンバーよりも一段高い視点に自分を置くことにより、目の前の仕事ばかりでなく、部署や会社、業界全体のあり方や流れが見えてきます。企画書ひとつ書くにしても、今までとは違う角度からのものになるはずです。

部署にとってその商品はどういう位置づけにあるのか、会社としてどんな方向性を狙うべきかなど、目の前の仕事だけやっていたのでは気づかなかった発想に行き着くことでしょう。

その経験は、経営者やマネージャーとして人の上に立つポジションを選択する場合はもちろんのこと、専門家やスペシャリストとして最前線の現場で実力を発揮するようなポジションにチャレンジしようとする人にとっても確実に役立つはずです。

あなたがもし、リーダーのポジションにつく機会があるならば、決して気負うことなく、有意義な経験をしてもらいたいと思います。その際に、本書が少しでもあなたの手助けになるとすれば、私としても嬉しい限りです。

リーダーを経験すれば、将来のキャリアが見えてくる！

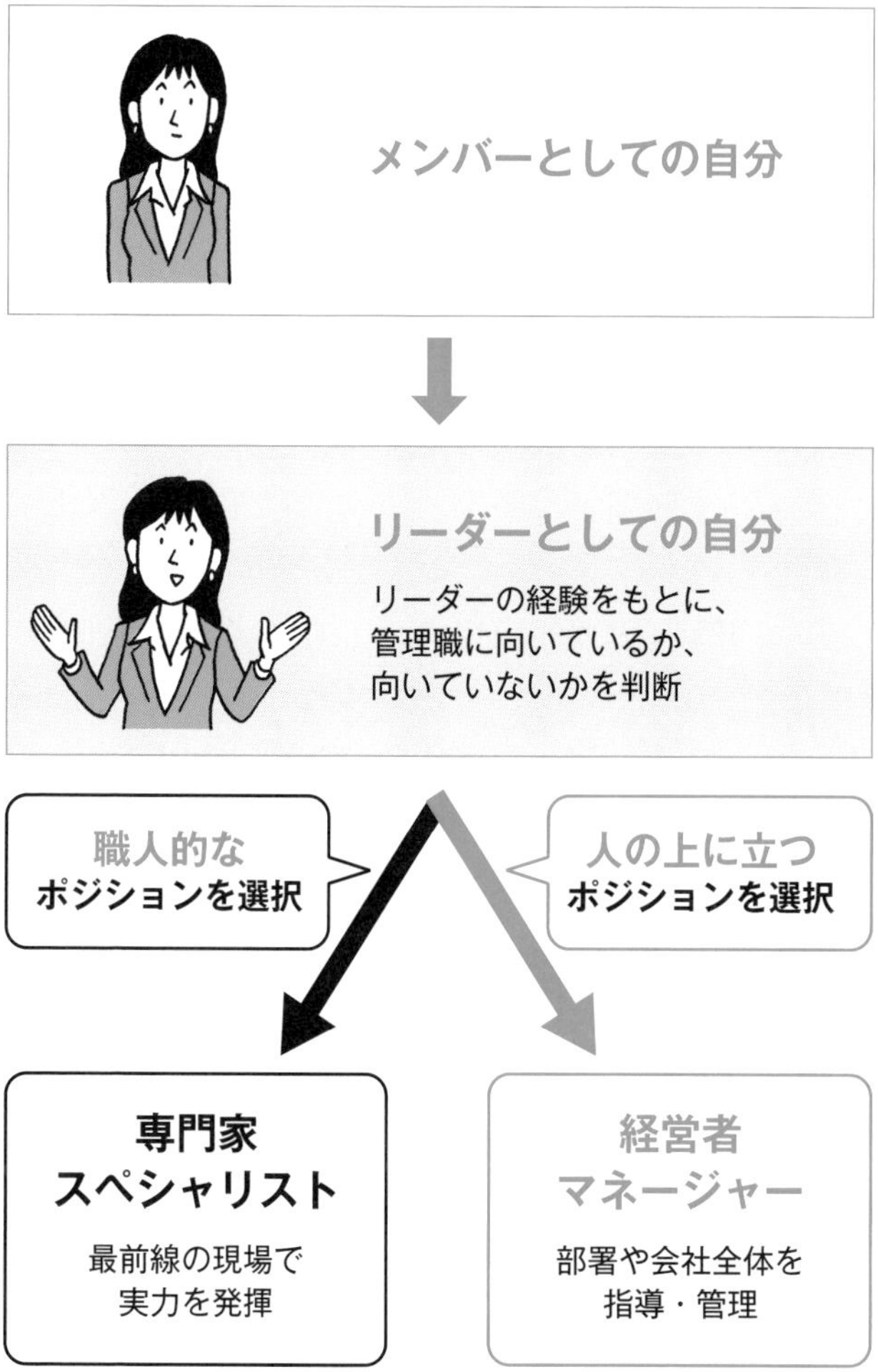
メンバーとしての自分
リーダーとしての自分
リーダーの経験をもとに、管理職に向いているか、向いていないかを判断
職人的なポジションを選択
人の上に立つポジションを選択
専門家 スペシャリスト
最前線の現場で実力を発揮
経営者 マネージャー
部署や会社全体を指導・管理

Leader's Checklist 04

		YES	NO
1	メンバーがピンチに陥ったとき力になっているか	✓	✓
2	普段からメンバーのピンチに気づいているか	✓	✓
3	メンバーに無理がないようフォローしているか	✓	✓
4	上司の圧力からメンバーを守っているか	✓	✓
5	上司に媚びるような態度を慎んでいるか	✓	✓
6	メンバー全員に愛情を持って接しているか	✓	✓
7	メンバーの一人ひとりとじっくり話す時間をつくっているか	✓	✓
8	リーダーの経験をキャリアに生かそうとしているか	✓	✓

YES〔1〜3〕 もう一度本章を読み直そう

YES〔4〜6〕 苦手な箇所をおさらいしてみよう

YES〔7〕 さらにレベルアップを目指そう

人を動かす
リーダーの言葉集

メンバーの共感を呼ぶ言葉

リーダーは一人で結果を出すだけでなく、メンバーと一緒に成果を上げる必要があります。自分の経験や失敗談も伝えながら、何でも話せる雰囲気をつくりましょう。

- お互いのプラスになることをしましょう
- 私も、昔はこんな失敗をしました
- 私もそのやり方でいいと思います
- わくわくしますね！
- 楽しみですね

メンバーを認める言葉

たとえメンバーの考えに間違いがあっても、頭ごなしに否定せず、まずは受け入れる姿勢が大切です。その上で、よいところ、修正すべきところを伝えるようにしましょう。

✓その気持ちはわかります

✓よくやりましたね！

✓なるほど～

✓すごいですね！

✓○○に関してはずいぶん進歩しましたね

メンバーをやる気にさせる言葉

メンバーをやる気にさせるには、仕事の責任を感じさせて、自分の期待を伝えるのが効果的。結果を出したあとには、報酬を与えてフォローをしておきたいところです。

- ◯◯さんにこの仕事を任せたいのです
- これはあなたしかできない仕事なんです
- 期待しています
- 努力家ですね
- 失敗してもいいので、思い切ってやってみましょう

メンバーの迷いを解消する言葉

メンバーが迷ったとき、一緒に愚痴っても何の解決にも結びつきません。前向きな姿勢で、やるべきことを、丁寧に繰り返し伝えていくことが求められます。

- 今回の問題を整理しましょう
- 焦点を絞って取り組んでみましょう
- 大切な仕事から片づけましょう
- あなたが一番いいと思う方法でいきましょう

ピンチを乗り越える言葉

非常事態にリーダーがおろおろしても、メンバーを動揺させるだけです。事態を冷静に受け止め、ポジティブな言葉でメンバーを導いていきましょう。

- 勇気を持って撤退しましょう。
- チャンスはまた必ずやってきます！
- あわてても仕方がないので、まず落ち着きましょう
- どうしてミスが起こったと思いますか？
- まず、最悪の状況を想像してみましょう

メンバーをフォローする言葉

リーダーは常にメンバーの動向に気を配らなくてはなりません。「いつもと違う状態がないか」をチェックし、気になったら声をかけておくのが肝心です。

- その仕事、期限までにできそうですか？
- 困っていることはありますか？
- 無理をしないで、今日は早く帰りましょう
- 今回の失敗で勉強になったことはありますか？
- いつも丁寧な仕事をありがとうございます

メンバーを褒める言葉

リーダーから褒められれば、誰だって嬉しくなって仕事に取り組む意欲も湧いてきます。大切なのはメンバーに伸びてほしい点を褒めることです。

- 気配りが上手ですね
- 斬新な発想がすばらしい
- このまま頑張っていただきたいです
- あなたにしかできない仕事です
- あなたに任せてよかった

高城幸司（たかぎ　こうじ）

株式会社セレブレイン代表取締役。同志社大学文学部卒。
株式会社リクルートに入社後、通信・ネット関連の営業部門で6年間にわたりトップセールス賞を受賞。独自の営業手法による書籍を多数出版し、『営業マンは心理学者！』（PHP研究所）は10万部を超えるベストセラーとなる。起業・独立情報誌「アントレ」の創刊に関わり事業部長、編集長を歴任するかたわら、全国の行政機関・大学において創業支援の「経団連　起業フォーラム」の委員を務める。2005年、セレブレイン社に経営参加し、代表取締役に就任。「人と組織の最適化」が企業成長の必須条件であることをポリシーに、人事・組織戦略に関連するコンサルティングビジネスを展開している。

STAFF

装丁　井上新八
DTP　アスラン編集スタジオ
イラスト　ケン・サイトー

図解決定版
リーダーシップの「基本」が身につく本

2021年4月20日　第1刷発行
2023年6月8日　第2刷発行

著　者　高城幸司
発行人　土屋　徹
編集人　滝口勝弘
編集長　倉上　実
発行所　株式会社Gakken
〒141-8416
東京都品川区西五反田2-11-8
印刷所　中央精版印刷株式会社

［この本に関する各種お問い合わせ先］
・本の内容については、下記サイトのお問い合わせフォームよりお願いします。
https://www.corp-gakken.co.jp/contact/
・在庫については　Tel 03-6431-1201（販売部）
・不良品（落丁、乱丁）については
Tel 0570-000577　学研業務センター
〒354-0045 埼玉県入間郡三芳町上富279-1
・上記以外のお問い合わせは
Tel 0570-056-710（学研グループ総合案内）